Mathias Wais
Trennung und Abschied

Mathias Wais

Trennung und Abschied

Der Mensch auf dem Wege

Mit einem Beitrag von
Ulrike und Hans-Joachim Schellenberg

MAYER

Mathias Wais, geboren 1948, Diplom-Psychologe, Studium der Psychologie, Tibetologie und Judaistik in München, Tübingen und Haifa. Ausbildung in Psychoanalyse und Verhaltenstherapie. Zunächst Spezialisierung auf neuropsychologische Forschung und Therapie von Hirnverletzten. Seit 1985 Arbeitsschwerpunkte Biographik, Biographieberatung und Erziehungsberatung. Mehrere Publikationen aus diesem Arbeitsbereich.

Ulrike Schellenberg-Heinrich, geboren 1956, Diplom-Sozialpädagogin, Studium an der Fachhochschule Dortmund, Ausbildung zur Waldorferzieherin und über zehn Jahre als Kindergärtnerin tätig; seit 1991 Erziehungs- und Lebensberaterin in der Beratungsstelle in Dortmund-Scharnhorst, ausgebildet in systemischer Therapie und Paartherapie; seit 1990 gemeinsame Tätigkeit im Familien- und Paarbereich mit –

Hans-Joachim Schellenberg, geboren 1949, Diplom-Psychologe und Psychotherapeut, Studium der Psychologie an der Ruhr-Universität Bochum, seit 1983 in eigener Praxis tätig; ausgebildet in Familien- und Paartherapie.

Die Deutsche Bibliothek – CIP-Einheitsaufnahme

Wais, Mathias:
Trennung und Abschied: der Mensch auf dem Wege / Mathias Wais.
Mit einem Beitr. von Ulrike und Hans-Joachim Schellenberg. –
ISBN 3-932386-64-7

ISBN 3-932386-64-7
Zweite Auflage 2002

Umschlag: Laurenz Theinert, Stuttgart
Abbildung Seite 8: »Die Knieende« von
Wilhelm Lehmbruck, Wilhelm Lehmbruck Museum,
Duisburg, Foto: Bernd Kirtz, BFF, Duisburg
Satz und Druck: Gulde-Druck GmbH, Tübingen

Inhalt

Die Knieende

Gibt es noch einen ähnlich stechenden, unabweisbaren Aufruf an das Ich wie den Verlust, die ungewollte Trennung, den erzwungenen Abschied von beruflicher oder sozialer Sicherheit? In wohl keiner anderen biographischen Situation wehren wir uns so heftig und ahnen doch zugleich, wie sehr wir in unserem innersten Wesen mit diesem Aufruf gemeint sind.

Man will nicht gemeint sein. Der Aufruf soll nicht mir gelten. Es soll alles ein Irrtum sein. Der Verlust soll wenigstens nicht so plötzlich und nicht so endgültig vor uns stehen. Und man weiß lange nicht, wie man der Situation überhaupt gerecht werden soll – und warum überhaupt. Warum geschieht es gerade mir? Der von Verlust Betroffene erlebt sich wie gelähmt, wie erstarrt zwischen Niedersinken und Sich-Aufrichten. Das eine ist so unbarmherzig nah, und das andere ist noch so fern. Und doch spüre ich, daß es eben darum geht. Sobald ich wenigstens umrißhaft erkennen und anerkennen kann, daß es um mich geht – daß das, was mir zufällt, *mir* zufällt. Aber inwiefern kann dieser Verlust meiner sein oder auch nur werden? Und wie gewinne ich Anschluß an die Aufrichte, während ich doch unvermittelt von Panikgefühlen umgetrieben und von der Macht der Verzweiflung zu Boden gedrückt bin?

Die Werke der Kunst sind eben darin Kunst, daß sie über die persönlichen Intentionen, privaten Perspektiven und den individuellen biographischen Hintergrund ihres Schöpfers hinausgehen. Wir sind deshalb wohl nicht nur berechtigt, sondern auch aufgefordert, in Kunstwerken die allgemein menschliche, urbildliche Dimension zu sehen auch da, wo der Künstler viel-

Wilhelm Lehmbruck *Die Knieende* (1911)

leicht erst einmal die persönliche Erfahrung gemeint haben mag.

So stehen wir, bewegt von den Tatsachen Trennung und Verlust, vor der Skulptur *Die Knieende* von Wilhelm Lehmbruck und meinen hier urbildlich gestaltet zu sehen, was die existentielle, biographische Dimension von Trennung und Verlust ausmacht.

Wir erleben eine stilisierte weibliche Gestalt, auf dem rechten Bein knieend, das linke angewinkelt, so daß sich zunächst die Frage eröffnet: Wird sie im nächsten Moment niedersinken, oder wird sie sich aufrichten? Wird sie auch das linke Knie auf den Boden absetzen und daraufhin vielleicht auch mit dem Oberkörper, vornüber womöglich wie eine andere Skulptur von Lehmbruck, *Der gestürzte Engel*, nach unten sinken – oder wird sie das gewinkelte Bein anspannen, das rechte Knie hochziehen und durchdrücken, um wieder aufrecht dastehen zu können? Die Frage ist aus der Skulptur heraus zunächst nicht zu beantworten. Die Figur erscheint einerseits wie erstarrt in dieser Zwischen-Situation, und eine bange Ambivalenz erfaßt den Betrachter. Die Figur selbst, die den schmalen Kopf sinnend zur Seite neigt, spricht primär von Trauer, Aufgeben oder vielleicht schon vom Loslassen. Sie mag einem verlorenen Gut nachtrauern. Aber es ist noch etwas über die Trauer Hinausgehendes anwesend: Wir haben *auch* ein Bild tiefer Ruhe vor uns. Nichts von Panik oder der quälenden Unruhe der Verzweiflung. Der Oberkörper *ist* aufgerichtet. In ihrer Mitte ist sie bei sich. Und dann werden wir der gestreckten Glieder gewahr: Beine, Füße, Arme, besonders die Unterarme, und die Finger sind überstreckt – nicht im Sinne der Verkrampfung, im Gegenteil, eine merkwürdige, stille Gelöstheit trägt die ganze Gestalt. Die Gliedmaßen sind, rein anatomisch gesehen, überproportional lang. Sie gehen über das menschliche Maß hinaus. Eine Ahnung durchzieht die Gestalt, über sich hinausgehen zu müssen, wenn sie sich wieder aufrichten will.

Doch woher nimmt sie das? Woher kommt ihr der Weg aus der Trauer, aus dem ersten Niedersinken zu? Die eigenartige Stellung der rechten Hand könnte den Hinweis auf eine Auflösung dieser Frage enthalten. Während die linke Hand und der linke Unterarm auf dem angewinkelten, nur mit den Zehen aufgesetzten Bein ruhen, weist der rechte Unterarm nach oben, und die rechte Hand, nochmals nach ihrer Innenseite angewinkelt, deutet, ohne pointiert etwas zeigen zu wollen, ruhig und gelöst nach hinten. Sie weist nicht, wie es zunächst den Anschein hat, auf den Hals oder den Kehlkopf, vielmehr seitlich daran vorbei auf einen Raum hinter und ein wenig über dem Rücken. Worauf genau ist damit hingedeutet? Und warum weist sie gerade auf diesen rückwärtigen Raum, der den Rücken da berührt, wo, wenn die Figur ein Engel wäre, die Flügel aufragen würden? Wir werden im Folgenden sehen, daß *Die Knieende* nicht nur die Situation im Verlust zur Anschauung bringt, sondern wesentlich den Weg heraus aus dem Niedersinken.

So soll es hier nicht primär um eine Psychologie der Trennung und ihrer eventuellen Bewältigung gehen, sondern um die biographische Dimension des Abschieds vom Partner, von Sicherheiten und Perspektiven. Erst wenn wir einen Sinn und das persönliche Gemeint-Sein im Abschied erkennen, kann dieser konstruktiv werden und in die Zukunft führen.

Eine innere Dynamik des Bleibens

Wenn wir über Trennung und Abschied sprechen, ist sofort eine leise aber beharrliche Stimmung von Besorgnis anwesend und eine Art von Vorbehalt oder fast Widerstand. Wir stellen uns zu Trennung und Abschied immer wie zu etwas, das es »eigentlich« nicht geben sollte. Der Gedanke an Trennung ruft, sofern man selbst betroffen sein könnte, Ängste auf und, sofern man Betrachter ist, ein Urteil, das Versagen, Scheitern oder leichtfertige Bequemlichkeit unterstellt. Jedes Ehepaar zum Beispiel, das sich trennt, sieht sich umstellt von – vielleicht auch wohl gemeintem – Bedauern, von Mitgefühl, und viele, die sich trennen wollen, erleben sich selbst als Versager: »Es ist mir nicht gelungen, die Ehe bis zum Ende zu führen.« »Meine Ehe ist gescheitert.«

Wer aus freien Stücken etwas hinter sich läßt, mit dem er sich bis dahin identifiziert hat, mit dem wir ihn identifiziert haben, kommt in den Ruch des verantwortungslosen Abenteurers; wer öfter seine Arbeitsstelle wechselt, gilt schnell als unsicherer Kantonist; wer sein Haus verkauft, um vielleicht eine große Reise, einen teuren Sport zu finanzieren, erscheint uns als Desperado, und wer ohne Not seinen Vorstandsposten im Verein aufgibt, muß damit rechnen, entweder als resigniert oder als treulos angesehen zu werden.

Trennung, Abschied und Loslassen scheinen einem Ideal oder Wert zu widersprechen: Festhalten, Bleiben, sagt das Ideal. Was man hat, muß man für immer haben wollen. Was man ist, muß man für immer sein. Partnerschaften und Ehen müssen bis zum physischen Tod eines Partners Bestand haben. Ein Haus, das man gekauft oder gar gebaut hat, muß man für immer besitzen. Wer nach Jahren seine Zigarettenmarke wechselt, muß dies im Freundeskreis zumindest begründen. Wer Gewohnheiten ändert, gilt günstigstenfalls als Luftikus. Wenn einer bisher immer auf den Pfennig geachtet hat, dann »ist« er sparsam, und das schwingt mit »für immer«. Ändert er aus irgendeinem Grund diese Eigenschaft oder verhält er sich auch nur ein Mal unerwartet freigiebig, so ruft das Erstaunen, wenn nicht Mißtrauen hervor. Wenn ein Ehepaar die letzten 20 Jahre zum Urlaub an den Wörthersee gefahren ist, diesmal aber zum Ossiachersee aufbricht, hat das einen Geschmack von Verrat. Wer loslassen muß, weil ihn zum Beispiel der Partner verlassen oder weil der Vermieter gekündigt hat, dem gilt unser Mitleid und unsere anteilnehmende Solidarität. Wer loslassen will, scheint nicht ganz bei Trost.

Es kann nicht einfach die Verletzung des Ideals »Bleiben« sein, es muß sich um eine tiefere Verunsicherung handeln. Ein Niedersinken droht, sobald es um Abschied und Trennung geht.

Davor war also Sicherheit. Aber worin bestand sie genau? Aus welcher inneren Situation heraus mag *Die Knieende* ins Niedersinken geraten sein? Was war zuvor?

Was wir besitzen an materiellen Gütern, sozialen Beziehungen, die zu uns gehören, Eigenschaften, die wir haben, und Rollen, die wir einnehmen, gibt nicht nur Sicherheit und Stabilität. Es bestätigt auch das Bild, das wir von uns haben und das unsere Freunde und Kollegen von uns haben. Es ist Teil meiner Identität, daß ich dieses Haus gebaut habe, daß ich mit diesem Mann verheiratet bin, daß ich sparsam, unternehmungslustig oder sportlich bin, daß ich den Vorsitz im Kegelclub habe, daß ich katholisch bin, daß ich die ABC-Partei wähle. Das alles *bin* ich. Selbst die Automarke, der ich seit 20 Jahren treu die Stange halte, ist Teil meiner Identität. Ich gehe in meine Stammkneipe, rufe zur Theke hinüber: »Wie immer!«, und die Bedienung bringt ein Pils und einen Wachholder. Das bin ich. Das bestätigt mir mein Selbstbild und das bestätigt anderen ihr Bild von mir. Würde meine Stammkneipe in ein poppiges Bistro umgewandelt – ich ginge nicht mehr hin, denn das bin ich nicht. Ich würde schimpfen über den seelenlosen Modernisierungsfimmel. Würde ich statt »Wie immer« rufen: »Einen Cognac bitte!« – der Wirt würde die linke Augenbraue hochziehen und einen, hoffentlich vorübergehenden, Spleen vermuten. Oder würde auf meinen Zuruf »Wie immer« die Kellnerin einen Kaffee bringen, ich würde ärgerlich und ginge bestimmt nicht mehr hin. Sie verwechselt mich wohl mit jemand anderem. Oder noch schlimmer: Denen ist es wohl gleichgültig, wer kommt.

Durch meine Besitztümer, meine Gewohnheiten, Rollen und sozialen Bezüge bestätige ich und bestätigen andere mir immer wieder nicht nur mein Selbstbild; ich erkenne mich geradezu in solchen Bezügen des Habens. Und es tut gut, daß andere mich in dem, was zu mir gehört, immer wieder erkennen. Das bin also ich. Also bin ich. Indem ich mich immer wieder erkenne und immer wieder erkannt werde, bestätigt sich überhaupt erst meine Existenz. Und deshalb muß ich an all diesen Dingen festhalten. Ich ohne mein Pils und den Wachholder – das wäre einfach ein anderer. Das kann ich mir gar nicht vorstellen. Ich ohne dieses Haus – das wäre eine Auslöschung. Wenn am Kiosk meine Zigarettenmarke ausgegangen ist – fast eine Beleidigung.

Und so kommt es, daß ich an dem, was ich habe und bin, auch noch festhalte, wenn die Gründe entfallen sind, aus denen heraus ich es einst erworben, mir erarbeitet, mir zugelegt hatte. Auch das fünfte Auto wird noch bei demselben Autohaus gekauft, obwohl man bereits beim dritten und dann erst recht beim vierten nur noch mit Reklamationen zu tun hatte, der Benzinverbrauch zu hoch war und der Service sehr nachgelassen hat. Ich schimpfe jetzt auf das Autohaus, bestelle aber noch einmal den Neuwagen dort und zwar in einer Stimmung, die man als Mischung beschreiben kann aus Enttäuschungsbereitschaft und der vagen Hoffnung, daß man jetzt doch noch einmal auf das gute, alte Niveau stoßen würde, daß die vor zwanzig Jahren getroffene Entscheidung zu gerade dieser Automarke sich doch noch einmal als richtig herausstellen möge. Denn sie ist doch ein Teil von mir. Sie definiert mich.

Wir halten an Beziehungen fest, auch wenn wir schon lange nicht mehr »glücklich« darin sind oder sogar unter der Beziehung leiden. Wir gehen immer noch mit derselben Mannschaft sonntags zum Sport, obwohl unter den Mitgliedern – ich sage immer noch »Kameraden« – längst Rivalitäten, Animositäten und versteckte Bosheiten ausgebrochen sind. Schließlich ist es ein Teil meiner Identität, daß ich jeden Sonntag um elf Uhr mit dieser Gruppe zum Sportplatz fahre.

Mein Ehepartner verletzt und mißachtet mich seit Jahren, putzt mich vor gemeinsamen Bekannten herunter, zu Hause schweigen wir uns nur noch an, aber wir halten selbstverständlich an dieser Ehe fest. Wir kennen und erkennen uns in ihr. Und da aus der einst »glücklichen« Ehe nur sehr schleichend, untergründig und allmählich eine »unglückliche« wurde, hat mein Selbstbild diese Änderung unmerklich mitvollzogen. Inzwischen ist es eben ein Teil von mir, daß ich einen schwierigen, rücksichtslosen Ehemann habe. Auch das bin ich. Leider zwar. Aber ich bin es wenigstens. Ohne dieses Selbst-Erkennen (das etwas anderes ist als Selbst-Erkenntnis) wäre ich nicht nur jemand anderes, sondern gar niemand. Also halte ich an dieser Ehe fest. Wie ich eben an mir festhalte. Schließlich gibt man sich, sein Selbstbild, seine Existenz ja auch nicht auf. Erhebliche Kunststücke des Selbstbetrugs, Wahrnehmungsverzerrungen, Gedankenakrobatik und Seelenverrenkungen werden ausgeführt, um nur nicht den Gedanken an Trennung aufkommen zu lassen. »Wegen der Kinder«, »wegen der Kirche«, »wegen des Geldes«, »wegen der Nachbarn« – aber »wegen meines Selbstbildes« – *das* sagt keiner.

Nun ist dieses Verharren in dem, was ist und was ich habe, ja zunächst weder von Übel, noch haben Seelenwissenschaftler es für ungesund erklärt, und außerdem ist es eben in Einklang mit solchen Werten wie Treue und Konsequenz. Seltsam ist aber, daß das Verharren, daß die Selbstbestätigung und immer wieder eingeholte Fremdbestätigung von einer gewissen untergründigen Dringlichkeit durchzogen ist, die sofort zutage tritt, wenn auch nur Details des Gewohnten sich ändern oder geändert werden müssen. Da erschrickt man, man wird böse oder traurig. Ganz offensichtlich suchen wir fortwährend die Bestätigung dessen, was wir sind. Ich gehe nicht nur deswegen in meine Stammkneipe und rufe »Wie immer«, weil ich durstig bin, sondern weil ich daran auftanke, daß ich durch diesen Zuruf erkannt werde. Gerade wenn es Irritationen gegeben hat, ist so etwas Balsam für meine verunsicherte Seele. Ich brauche diese Selbstbestätigung. Gerade wenn ich, und sei es ein banales Detail des gewohnten Alltags, an irgendeiner Stelle mein Bild von mir in Frage stellen mußte, suche ich die erneute Definition dessen, was ich bin, durch das, was man an mir kennt. Und dann bin ich wieder beruhigt. Jetzt ist wieder klargestellt, *wer* ich bin, *daß* ich bin.

Wenn mein Mann, wie seit zehn Jahren nicht mehr, mir zum Feierabend einen Blumenstrauß mitbringt, so ist das nicht nur Anlaß für freudige Überraschung. Vielmehr: Da stimmt doch etwas nicht. Wenn mein Mann sich auf einmal anders verhält, dann muß ich ja etwas an mir, an meinem Bild von ihm und damit an meinem Bild von mir ändern. Deshalb ist meine Freude zwiespältig, und ich finde gleich darauf einen Anlaß zum Streit, und dann schweigt er mich wieder den ganzen Abend an. Dann weiß ich wieder, daß alles beim alten ist. – Und wenn der ewig harmonische Gatte, der jeden Abend sonnig nach Hause kommt, einmal mit mürrischem Gesichtsausdruck erscheint, werde ich ihn sofort aufheitern und ablenken, bis wieder die Sonne scheint.

Veränderung soll nicht sein. Jedenfalls keine, die ich nicht selbst will und aktiv handhaben kann. Zeichen von Veränderung oder drohender Veränderung ignoriere ich lieber, als daß ich mich darauf einlasse.

Das dringliche Bedürfnis nach Bestätigung des Selbstbildes, nach Verharren im Bekannten und Gewohnten, kann allerdings in die Nähe einer Selbstinszenierung geraten. Ich kann jahrelang Anzeichen drohender oder untergründig längst eingetretener Veränderung ignorieren – irgendwann wird der Aufwand des Ignorierens und des Wegerklärens so groß, daß ich aktiv und gezielt, wenn auch oft nur halb bewußt, die alten Definitionen abrufe. Jetzt demonstriere ich, daß ich sparsam bin oder unternehmungslustig oder sportlich. Ich rede darüber. Ich gebe immer ausführlichere Erklärungen, Erläuterungen und Beschreibungen meines Verhaltens, meines Charakters, meines Verständnisses der Rolle des Ehemanns und so weiter. »Ich bin an und für sich ein harmonischer Mensch«, sagt der griesgrämige Ehemann, der zu Hause seit Jahren jeden Abend einen Streit vom Zaun bricht. Er demonstriert vor Bekannten, wie harmonisch seine Ehe ist. – Der alternde Junggeselle, der von der Vorstellung nicht lassen kann, er sei jung, frisch und begehrt, inszeniert Jugendlichkeit, kauft sich Hemden, die eine Spur zu schrill sind, legt sich einen dramatischen Sportwagen zu, und in der Kantine setzt er sich, locker scherzend, immer zu den jungen Sekretärinnen an den Tisch.

Man ruft jetzt forciert ein bestimmtes Bild beim anderen hervor, welches das von längst überfälligen Veränderungen bedrohte Selbstbild immer wieder bestätigt und es noch einmal befestigt. Ich weiß manchmal nicht mehr, wer ich bin – sag' du mir, daß ich der alte bin.

Die längst von Mißachtung, Mißtrauen und Verweigerung gekennzeichnete Ehe muß nach außen hin als »glücklich« und dergleichen dargestellt werden. Im Grunde weiß ich, daß meine Ehe entweder zu Ende ist oder entscheidend erneuert werden muß, aber wenn es gelingt, andere davon zu überzeugen, daß sie noch »funktioniert«, kann ich dieses auf Veränderung drängende Wissen wieder einmal beiseite schieben. Bis heute abend, wenn wir wieder allein sind.

Jetzt handelt es sich nicht mehr um Sicherheit gebende Gewohnheiten, jetzt handelt es sich um die Inszenierung vielleicht früher einmal authentischer Bilder, um die galoppierende Destabilisierung meiner Identität weiter ignorieren zu können.

Trennung entsteht aber aus dem Festhalten. Und je dringlicher die alten, früher einmal gültigen Selbst- und Beziehungsdefinitionen aufrechterhalten werden, je mehr Aufwand ich für das Festhalten-Können treiben muß, um so unausweichlicher wuchert der Verlust. Bis er dann wie ein Geschwür aufbricht, oft aus nichtigem Anlaß.

Wo wir etwas bekommen oder erwerben, wo wir am Anfang einer Beziehung stehen, haben wir ein Urbild, ein Idealbild: Das Eigenheim erschien mir damals als Hort des Geborgenseins und der Autonomie; die endlich gefundene Partnerin als die einzig richtige, mit der man so umfassend harmonierte, in der so viel an schönen Zügen sichtbar war; das Fluidum von Freiheit und Abenteuer, das unsere Zigarettenmarke, das Flair von Sportlichkeit, das unsere Automarke mit sich brachte.

Dann kam der Alltag des Habens. Das Urbildliche trat zurück. Der Sport wurde irgendwann anstrengend, die Bandscheiben machten nicht mehr mit. Das Rauchen hat zu einer erheblichen Kurzatmigkeit geführt, und den Wagen habe ich vor lauter Sportlichkeit an einen Baum gesetzt. Meine Partnerin hat nervtötende und anstrengende Eigenschaften entwickelt. Jetzt kommt der erste Aufwand des Beharrens. Jetzt werden Gewohnheiten wichtig. Jetzt mache ich die Kneipe an der Ecke, in der ich schon öfter war, zu meiner Stammkneipe. Jetzt wird befestigt, was ich an mir kenne, beharrlich, unerschütterlich. Lange Zeit herrscht Zufriedenheit. Erst später spürt man, daß alles nicht mehr so recht funktioniert. Und der Wachholder – wer weiß, neuerdings scheinen sie ihn mit Wasser zu strecken. Aber das spreche ich nicht an, denn ich will auf meine Kurzatmigkeit auch nicht angesprochen werden.

Jetzt geht es um den Aufwand des Festhaltens. Das Urbild ist nur noch Erinnerung. Ist das noch die Frau, die ich einst geheiratet habe? Warum noch hatte ich mich damals für diese Automarke entschieden? Gleichwohl, meine Fernsehgewohnheiten, meine Urlaubsgewohnheiten, sie bleiben. Und so werde ich auch bei der Automarke bleiben. Ich spule jetzt alle diese Gewohnheiten ab, spiele sie durch, führe sie manchmal geradezu auf, denn sie sind das, was bleibt. Von mir. Auch das Haus steht. Und steht. Wenigstens darin kann ich meiner Identität sicher sein.

In der nächsten Phase wird auch dies brüchig. Am Urlaubsort haben sie einen Hotelklotz vor die gemütliche Pension gestellt, und statt auf die Berge sehe ich jetzt auf einen betonierten Hinterhof mit riesigen, überquellenden Abfalltonnen. Meine Frau geht bald jeden zweiten Abend weg, zum Yoga, zur Dritte-Welt-Laden-Versammlung oder ins Kino mit Freundinnen. Jetzt beginnt das Bedürfnis nach Selbstinszenierung. Nun rede ich immer öfter von den alten Zeiten, da war noch alles in Ordnung. Da war noch klar, wer ich bin. Da hat sich nicht dauernd etwas verändert. Jetzt stelle ich Urlaubsglück dar: Sämtliche erreichbaren Verwandte müssen die Videoaufnahmen von den österreichischen Gemsen sehen. Jetzt stelle ich die Pokale in eine Glasvitrine, die ich bis vor kurzem (bis vor acht Jahren) im Sportverein jedes Jahr bekommen habe. Jetzt werfe ich meiner Frau vor, daß sie nicht mehr die alte ist, nicht mehr so häuslich. Obwohl das Haus finanziell kaum mehr zu halten ist – der Kredit ist noch längst nicht getilgt, Grundsteuer, Abwassergebühren und Reparaturen sind so teuer geworden, daß ich mir eigentlich nichts Zusätzliches mehr leisten kann –, bestelle ich gerade jetzt einen neuen und teuren Zaun für mein Grundstück. Ich bin der, der sich was leisten kann. Auch wenn ich mir nichts mehr leisten kann.

Schließlich kippt, oft nur wegen einer Kleinigkeit, alles um: Ein Freund – ich habe ihn für einen Freund gehalten – macht eine blöde Bemerkung über meinen beginnenden Haarausfall. Meine Frau lädt ihren Yogalehrer zu uns zum Essen ein – ein Gockel, der Mann. Die Schwägerin flüstert ihrem pickeligen Halbwüchsigen in einem unbemerkt geglaubten Moment zu: »Jetzt müssen wir eben noch diese dämlichen Gemsen-Videos bewundern, dann können wir gehen.« Und die Sphäre von Verlust und Abschied ist unabweisbar angebrochen. Das Selbstbild fällt in sich zusammen. Ich reagiere mit Wutausbrüchen, werde ausfällig zu meiner Frau und kappe beleidigt die Beziehung zu den angeblichen Freunden.

Es ist der Moment, in dem wir genau jenen Verlust, gerade die Trennung, genau den Abschied herbeiführen, den wir jahrelang untergründig befürchtet und in Schach gehalten haben. Jetzt verhält sich der Ehemann so grob, daß seine Frau sich in den Yogalehrer verliebt und sich zur Trennung entschließt. Die alten Freunde grüßen mich nur noch mit eisiger Höflichkeit. Trennung kann aus der Angst vor dem Loslassen entstehen, gerade aus dem dringlichen, manchmal verzweifelten Festhalten.

Was ist das? Ist es einfach eine bürgerliche Form von Wahnsinn, oder kann man in dieser Paradoxie noch etwas anderes sehen?

Das Wesen des Menschen ist Aufbruch

Die Knieende weist noch auf einen anderen Aspekt als den soeben skizzierten hin. Sie befindet sich in einem Zwischenzustand, dessen eine Seite das Nicht-mehr-Haben ist. Sie ist herausgeworfen aus dem Behalten-Können. Sie läßt aber auch den Gegenpol erahnen: Aufrichte und Aufbruch. Betrachten wir zunächst diese gegenteilige Seite, bevor wir uns in den nächsten Kapiteln mit dem Zwischenzustand selbst befassen.

Ganz gewiß ist auch dies eine Seite des menschlichen Wesens: Aufbruch, Durchbruch, Sich-Aufrichten aus der Trauer, aus dem Verlust, aus der Krise. Nach vorne schauen. Wir erleben sie seltener, aber dafür ist sie um so einschneidender und beeindruckender. Nach langem Zögern und ängstlichem Hinausschieben treffen wir unvermittelt eine klare Entscheidung und handeln – alle Ängstlichkeit hinter uns lassend, alltägliche Sicherheits- und Selbstvergewisserungsbedürfnisse schon wie aus der Ferne betrachtend, darüber lächelnd, wie man über ein Kind lächeln kann. Jetzt spüren wir eine ganz andere Ebene unseres Wesens, eine Ebene, die uns impulsiert, uns auf den Weg zu machen, immer in unbekanntes Gelände. Man hat sich über alle Bedenken hinweggesetzt, schüttelt das »Noch-Nicht« ab, spannt sich an, wie man den Bogen spannt, läßt los und empfindet eine ungeheure und konzentrierte Dynamik, Geschwindigkeit und Geradlinigkeit.

Und dann ist es wie ein neues Nachhause-Kommen. Auch ein Paradox. Man verläßt das, worin man zu Hause war, was einmal Geborgenheit gegeben hatte und später Fessel wurde – und kommt nach Hause. Aber dies ist jetzt ein ganz anderes Zuhause. Es ist das Zuhause in mir. Ein Zuhause, das unabhängig ist von äußeren

Gegebenheiten, von äußeren Merkmalen, unabhängig von meinen Gewohnheiten und alltäglichen Rollen. Es ist ein Zuhause, zu dem ich durchbreche. Und ich spüre, da hat schon jemand auf mich gewartet. Ich werde auch hier erkannt, von innen her. Diesen »jemand« können wir als unseren Engel sehen oder als unser innerstes Wesen, unsere innersten Ziele, für die wir einst angetreten sind. Und eine völlig andere Art von Wärme erfüllt mich als die übliche der Zentralheizung in meinem Eigenheim.

Eine radikal andere Art von Identitätssicherheit leuchtet plötzlich auf. Ihr Merkmal ist, daß man sie vorher nicht kannte. Daß man sie erahnt hat im Moment des Aufbruchs, im Moment der Entscheidung. Daß sie wie ein Blitz eintrifft. – Und daß ich mich in ihr nicht so behaglich einrichten kann wie in der Identität des alltäglichen Habens. Sie verflüchtigt sich, sobald meine Spannkraft nachläßt, sobald ich mich wieder in etwas niederlasse. Sobald ich wieder Gewohnheiten bilde oder auf die alten Gewohnheiten des Wahrnehmens, Denkens und Handelns zurückgreife. Es ist ein erhöhtes Bei-sich-Sein, welches, ohne jede Selbstbezogenheit, feierlichen Charakter hat. Nicht ich feiere mich, sondern dieser jemand, der mich schon erwartet hat, feiert mich. Es ist so ganz anders als das kleine Eigenlob, das Hervorkehren kleiner Verdienste, der Stolz über das im Alltag Erreichte. Dieses erhöhte Bei-sich-Sein stellt sich nicht im Schrebergarten ein, sonntagnachmittags, bei Schwarzwälder-Kirschtorte und Verdauungsschnaps. Es entsteht, wo ich durch das Nadelöhr des Verzichts gehe. Wo ich nicht mehr loslassen *muß*, sondern loslassen *will*.

Ich erkenne mich zugleich und wundere mich über mich. Erst recht die Freunde. Sie wundern sich vielleicht eher, als daß sie mich erkennen. Und dies ist auch ein Merkmal des erhöhten Bei-sich-Seins: Wie ich mich jetzt selbst finde und erkenne, das ist ganz unabhängig davon, ob beziehungsweise wie andere es mir bestätigen. Eine solche Gewißheit über mich selbst habe ich sonst nie. Nur in diesen Momenten.

Und es sind *Momente*. Als ob man in einer anderen Zeitdimension wäre. Sich im Alltag immer wieder über sich selbst zu versichern durch Vollzug von Gewohnheiten, das ist an den Ablauf der Zeit gebunden. An Chronos, die sich ausbreitende und weiterschreitende Zeit. Aber in solchen Gewißheits-Momenten waltet Kairos, der *über* dem Zeitablauf steht. »Moment« nicht im Sinne von »kurz« – das auch –, sondern im Sinne von plötzlicher, heftiger Bewegung (englisch: to move = bewegen). In diesem Moment hat man die Gewißheit: Dies erst ist mein Wesen. Alles davor war äußeres Kleid, wenn nicht Kruste. Jetzt ist alles, mit einer Entscheidung, einem Entschluß, einem Aufrichte- und Überwindungsimpuls in Bewegung geraten. Es ist die andere Ebene der Katastrophe. Landläufig verstehen wir darunter Zusammenbruch. Aber das ursprünglich griechische Wort meint: das Unterste zuoberst umwühlen. Es ist der Einschlag des radikal Neuen. Er leitet sich nicht ab aus vorhergehenden Überlegungen, jedenfalls der Zeitpunkt des Durchbruchs nicht. Es ist der unvorhersehbare Moment der Intuition. Ich bin angekommen, diese äußerste Gewißheit über mich selbst ist unabweisbar, mein Wissen um mich selbst ruht in sich selbst.

Der Sterbende, der lange gegen sein Sterben gekämpft hat, der die Krankheit lange nicht hat annehmen können, der gehadert hat mit seinem Schicksal und seinem Gott, der wütend war auf »die Ärzte«, der voll Selbstvorwurf war über seine ungesunde Lebensweise, voller Schuldgefühl über seine Versäumnisse, seine Beziehungsschulden – auf einmal läßt er los und bricht, äußerlich erkennbar an seinem gelösten Gesichtsausdruck, auf zu seinem letzten Weg. Von außen und auch für den Betroffenen sind solche Momente unvorhersehbar. Sie leiten sich aus nichts ab, was Psychologie erfassen könnte. Sie kommen von woanders her. Sie kommen aus der Sphäre, in der das Menschsein sein innerstes Wesen hat. Sie dokumentieren die geistige Substanz des Menschen.

Schon beim Kind gibt es – natürlich ganz anfänglich, aber um so wichtiger – diese Momente, in denen das kleine Wesen bewußt und gezielt über sich hinausgeht. Der fünfjährige Max ist es gewohnt, wie es ja auch kindgemäß ist, abends noch eine Geschichte vorgelesen zu bekommen. Eines Tages ist dies durch äußere Umstände nicht möglich. Seine Mutter ist krank und der Vater muß einem unaufschiebbaren geschäftlichen Termin nachgehen. Max weint, ist verunsichert, weiß nicht, wie er ohne seine Geschichte einschlafen kann. Es ist eine Zumutung für ihn. Dann überlegt er, und auf einmal geht ein kleines Leuchten über sein Gesicht: »Gut, dann sagt Max die Geschichte selbst.« Und dann hört man ihn, wie er sich selbst eine Geschichte erzählt und sich zwischendrin immer wieder selbst erklärt, warum dies heute weder Mutter noch Vater tun können. Dann schläft er tief und ruhiger als sonst. Wie man nach schwerer oder konzentrierter Arbeit in den Schlaf fällt.

Nichts wäre nun verkehrter, als daraus wiederum eine Gewohnheit machen zu wollen und zu denken, jetzt hat er ja gezeigt, daß er es selbst kann, jetzt brauchen wir Großen ihm abends ja nicht mehr vorzulesen. Solche Aufrichtemomente können ihre Kraft nur entfalten, wenn man ihren Blitzcharakter anerkennt. Sobald man eine Dauerbeleuchtung daraus machen will, schlägt alles ins Gegenteil um, und das Ergebnis ist ein chronisches und, soweit es Kinder betrifft, belastendes Verlassenheitsgefühl. Am nächsten Abend muß der Vater wieder die Geschichte vorlesen. Dann hat Max etwas über seine innerste, nur ihm eigene Kraft gelernt, das er wie einen geheimen Schatz verwahren und worauf er später einmal wieder zurückgreifen kann.

Der fünfzehnjährige Schüler, seit Monaten immer fauler bei den Schularbeiten, immer desinteressierter, hat lange Ermahnungen und Vorhaltungen über sich ergehen lassen, strafende und verständnisvolle Reaktionen von Erwachsenen erlebt. Eines Nachts – er hört heimlich Radio – vernimmt er ein Jazzstück, das ihn zutiefst anrührt. Er holt sein Saxophon hervor und spielt, mehr schlecht als recht, in die nächtliche Stille hinein eine Improvisation. Er sieht lange das Saxophon an, lauscht dem unfertigen Klang nach und beschließt, Musiker zu werden. Es ist ihm klar, daß er dazu das Abitur machen muß und mit dem Saxophon ganz anders wird üben müssen. Am nächsten Morgen steht er früh auf. In der Schule ist er wach wie nie. Seitdem klemmt er sich hinter die Schularbeiten, daß es den Eltern auch schon wieder bedenklich vorkommt. Er läßt alle Gewohnheiten des Faulenzens, alle Gewohnheiten der Ausrede hinter sich, es kommt ihm nur noch albern vor, wie er sich bis dahin verhalten hat. Er bricht auf zu sich selbst. Irgendwann später erzählt er, daß er in jener Nacht erkannt hat, wofür es sich für ihn zu leben lohnt. Und er vertritt seinen Aufbruch vor den Kameraden, die sich wundern und teils höhnisch von ihm abwenden, mit einer Selbst-Gewißheit, die anderen, die noch vor einem solchen Aufbruch stehen, fast Angst macht.

Der vierzigjährige Ehemann, der seit Monaten, beladen mit schweren Schuldgefühlen, ein heimliches Verhältnis zu einer Geschäftsfreundin hat, wacht eines Morgens auf, hat in klarer Selbstverständlichkeit vor Augen, daß er seine Ehe will und braucht und daß das heimliche Verhältnis sie nicht gefährden dürfe. Er steht auf, ruft sofort die Freundin an und erklärt ihr, daß er das Verhältnis nicht weiter führen will. Es waren nicht moralische Gesichtspunkte oder ängstliche Erwägungen womöglich »aufzufliegen«, – es kam aus ihm selbst. Ein Bedürfnis, zu verzichten. Der klare Wille, sich wieder bei dem zu sammeln, worauf es für ihn ankommt, und dazu gehört für ihn seine Ehe.

Der fünfundfünzigjährige Leiter eines Drogencafés, ein alter Hase, früher selbst kurze Zeit Junkie, inzwischen eine bürgerliche Existenz, verheiratet, zwei Kinder, wird von seinen durchweg jüngeren Kollegen immer wieder kritisiert, weil er neue Methoden der Junkie-Betreuung ablehnt. Sie sind in Holland entwickelt worden, und er hält sie für zu liberal. Seit einiger Zeit setzt er die formalen Mittel der Autorität ein und regiert, wo er früher das Gespräch mit den Kollegen gesucht hat, per Dienstanweisung. Eines Morgens erscheint er in der Dienstbesprechung, meldet einen Beitrag in eigener Sache an und sagt sinngemäß: »Ich bin skeptisch gegenüber den neuen Methoden. Aber ich sehe, daß ihr die Zukunft unserer Einrichtung seid. Ihr müßt verantworten können und dürfen, was ihr für richtig haltet. Ihr müßt die Möglichkeit haben, auszuprobieren, wie weit euer neues Wunschkonzept trägt. Ich lege die Leitung dieser Einrichtung nieder. Wählt euch einen neuen Leiter und gebt mir die Möglichkeit, ins Glied zurückzutreten und als einfacher Streetworker bei euch mitzuarbeiten.« Keine Häme bei den Kollegen. Ehrliches Bedauern, aber auch Erkennen der Chance. Ein Durchbruch nicht nur für ihn, sondern für die ganze Einrichtung.

Die Ehefrau, kirchlich engagiert und sehr verhaftet in der traditionellen Frauenrolle, hat über Jahre versucht, ihrem Mann seine Seitensprünge zu vergeben. Sie hat mit dem Pfarrer und mit gemeinsamen Freunden lange Gespräche darüber geführt. Die einen haben ihr geraten, sich zu trennen, andere, alles auszuhalten. Eines Tages, zu Hause auf der Terrasse, Sonntagnachmittag, eigentlich eine harmonische Situation, klingelt das Telefon. Sie geht dran, am andere Ende wird wieder aufgelegt. Sie weiß unmittelbar, da wollte eine ihren Mann sprechen und hoffte, ihn allein anzutreffen. Sie weint, stellt sich dann vor den Spiegel, macht sich wieder zurecht. Da hört sie innerlich die Frage: »Wer bist du?« Sie geht auf die Terrasse und teilt ihrem Mann ruhig aber bestimmt, sogar freundlich mit, daß sie sich von ihm trennen wird. Und er, der die außerehelichen Abenteuer meist geleugnet hat und sich nicht eingestehen wollte, daß sie die Ehe gefährden, schweigt ernst. Keine Ausflüchte, keine Erklärungen, kein »Laß es uns noch einmal versuchen«. Das Ich ruft das Ich auf. Wo der eine sich zu sich durchringt, kann es oft auch der andere.

Bei allem Schmerz und nachklingender Traurigkeit, die solche Entschlüsse des Loslassens mit sich bringen, ist nichts deutlicher als ihre Unwiderrufbarkeit. Solche Durchbrüche zu sich selbst sind nicht diskutierbar, sie sind nicht aufzuschieben und nicht rückgängig zu machen. Sie tragen eine unabweisbare Richtigkeit in sich. Und sie fordern und ermöglichen zugleich das sofortige Handeln. Man kann nicht heute von einem solchen Aufrichtemoment berührt werden und die Sache dann nächste Woche umsetzen. Erkennen und Handelns sind eins. Das innerste Ich hat Impuls-Charakter, oft auch für andere. Es gibt auch keine nachträglichen Zweifel, die alles wieder umkehren könnten. Zu sich selbst zu kommen, das ist immer endgültig. Es liegt jenseits aller psychologischen Relativierungen, aller Motivforschung, die ja nie zu Ende, nie bündig ist. Nur Kairos erfüllt den Augenblick.

Er ist auch nicht wiederholbar. Wenn ich mich heute zu schwach fühle für diesen Moment, dann kommt er morgen nicht noch einmal. Nur die Erinnerung, daß es das schon früher gegeben hat im eigenen Leben, kann helfen, jetzt wieder hinzuhören auf sich selbst, wenn es wieder – sicher in einer ganz anderen Situation – ansteht. So etwas erlebt man fünfmal oder zehnmal oder zwanzigmal in einem Leben. Aber öfter nicht. Und doch ist es das, worauf du am klarsten zurückblickst, wenn du Bilanz ziehst: Das eigentliche Ich, dessen Wesen Aufbruch ist.

Zweierlei Glück

Wir haben es also durchaus mit zweierlei Glück zu tun: dem des Habens, dem Glück, sich immer wieder zu erkennen im Vertrauten, und dem Glück des Aufbruchs, sich aufzuraffen zu einem Verzicht auf Gewohntes und bisher Gehabtes, der das Geschenk bringt, vom eigenen Urbild ergriffen zu werden. Beides ist ein Glück, beides ist Erfüllung, solange es nicht gefährdet ist.

Zwischen diesen beiden Polen spannen sich die Linien einer Biographie auf. Diese würde sich erst gar nicht entfalten, gäbe es nur das Haben – das wäre Erstarrung, oder nur den Aufbruch – das wäre Verbrennung. Beides, wenn es den Charakter des schieren Zustands bekommt, sättigt sich durch sich selbst, und das Leben verblaßt.

Wir haben eine Identität im Haben und eine Identität im Aufbruch. Von »Glück« spricht man füglich, wenn man je einen der Pole erreicht, in der einen oder anderen Identität ankommt oder wieder ankommt. Die Charakterisierung »Glück« paßt nicht mehr, wenn man sich schon länger in der einen oder anderen Identität befindet. Allenfalls von »Zufriedenheit« könnte man dann sprechen. »Glück« ist Teil einer Dynamik, es ist ein Übergangsstadium zwischen dem Streben nach Etwas und dem Zustand, da man es schon lange erreicht hat. Haben und Aufbruch sind keine ruhenden Pole, sondern sie dynamisieren die Biographie. Was den Aufbruch-Pol betrifft, so hat er, wie wir gesehen haben, Impuls-Charakter. Aber auch das Bleiben und Haben ist, wie bereits beschrieben, kein Zustand, sondern ein untergründig durchaus spannungsvoller, dynamischer Prozeß, der uns im eskalierenden Extremfall zum anderen Pol geradezu hinkatapultieren kann. Sich selbst in der einen oder in der anderen Sphäre zu erkennen, ist deshalb nie ein abgeschlossener Vorgang. Am Aufbruch-Pol erkennt sich das Ich in seinem Weg-Charakter, am Haben-Pol entsteht diese untergründige Unruhe, sich immer wieder seiner selbst vergewissern zu müssen. Es gibt deshalb keine dauerhafte Sicherheit der Identität, und eben dies ist der innere Antrieb zur Entfaltung der Biographie.

Das Ich, in dem wir uns im Alltag immer wieder erkennen, das »Alltags-Ich«, soll beschreibbar und definierbar sein. Wir wollen es definieren durch Eigenschaften, Fähigkeiten, auch Schwächen, typische Reaktionsmuster und dergleichen. Der Alltag besteht darin, stets die gleichen Definitionen seiner selbst herzustellen und andere aufzufordern, uns diese Selbst-Definitionen immer wieder zu bestätigen. Insofern hat der Alltag einen Inszenierungs-Aspekt, eine gewisse Nähe zur Künstlichkeit oder mindestens Forciertheit. Frau Müller, die unter anderem die Eigenschaft »hat«, gefühlsbetont zu »sein«, bricht regelmäßig in Tränen und Schluchzen aus, wenn beim abendlichen gemeinsamen Fernsehen zum Beispiel ein Bericht über die Waisenkinder des jugoslawischen Bürgerkriegs gesendet wird oder wenn über die Schicksale Behinderter berichtet wird. Ihr Mann, der dabei sitzt, sagt: »Nun heul' doch nicht gleich wieder«, und ihr fünfzehnjähriger Sohn verdreht die Augen und murmelt: »Seelchen.« An einem anderen Abend, Herr Müller ist bei Freunden zum Skat, der Sohn im Kino mit seiner Clique, sitzt Frau Müller allein vor dem Fernseher und sieht eine Sendung über kriegsversehrte Kinder. Nun weint sie nicht, sondern sie macht sich nüchtern Gedanken, wie von hier aus solchen Kindern vielleicht zu helfen wäre. Also *ist* sie jetzt nicht gefühlsbetont, kein Seelchen? *Ist* sie jetzt nüchtern und sachlich? – Es ist kein Adressat da für ihre übliche Reaktionsweise, es ist niemand da, der etwas bestätigen könnte, und jetzt verhält sie sich anders, als es zur Definition »gefühlsbetont« passen würde. Das bedeutet nicht, daß ihr gefühlsüberschwemmtes Verhalten in Anwesenheit ihrer Familie gespielt oder gar bewußt vorgetäuscht wäre. Aber es bedeutet, daß das Alltags-Ich zumindest einen größeren Spielraum hat in Situationen, in denen es nicht um die Befestigung des schon Bekannten gehen kann.

Das Alltags-Ich hat eine Neigung zur Verengung, eben wegen dieses Bedürfnisses nach Fremdbestätigung. Das Alltags-Ich kann und will auflistend beschrieben werden, und diese Liste soll immer vollständig sein, und sie soll sich nicht erweitern oder verändern. Das Alltags-Ich ist von innen und von außen her, von den anderen her gesehen, veränderungsfeindlich. Man will und soll der sein, der man schon immer war. Aber durch diese Verengung und Beharrungsneigung trägt es auf die Dauer dann doch zur Entwicklung bei. Das Unglück liegt ja nicht in der Veränderung, sondern darin, daß wir uns dagegen wehren.

Und das ganz andere Ich, das Ich des Aufbruchs, besteht geradezu aus Dynamik, es hat Weg-Charakter und ist nicht durch Auflistung von Eigenschaften und dergleichen zu beschreiben. Es ist Impuls. Es ist das Gegenteil der Schwerkraft. Es strebt, bildlich gesehen, insofern nach oben, in einen höheren Daseinsbereich, als es bewußt das Alltags-Ich hinter sich läßt und aufsteigt zu der übergeordneten Dimension unseres Daseins. Wir können es deshalb das »Höhere Ich« nennen, was freilich nicht »besseres Ich« heißen soll. Denn auch dieses Ich trägt sein Gegenteil in sich. Da sich die Ereignisse um einen solchen Durchbruch des höheren Ichs herum, zeitlich gesehen, immer sehr zusammendrängen, geht sein Gegenteiliges für das bewußte Erleben oft unter oder ist nur tangential erlebbar. Dennoch ist es anwesend, und wir kennen es: Der Moment des Durchbruchs oder seine Früchte zumindest sollen bleiben. Ich möchte ab jetzt immer oder möglichst lange in dieser erhöhten Sphäre bleiben. Dies führt aber geradewegs wieder zum Alltags-Ich, führt dazu, daß wir erneut Gewohnheiten bilden, die diesmal etwas festhalten sollen von diesem Höhepunkt des Aufbruchs, und es führt zur Entstehung neuer Ansichten, die man dann auch wieder lange »hat«, so wie man zuvor andere Ansichten hatte. Ein Durchbruch des Höheren Ichs kann uns durchaus nachhaltig verändern. Für das tägliche Leben heißt das aber, daß wir nun neue »Eigenschaften«, Fähigkeiten oder Haltungen »haben«, die zu unseren alten hinzukommen oder sie zum Teil ersetzen.

Frau Pauli hatte sich zu einem großen Opfer durchgerungen. Damit ihr Sohn studieren kann, hat sie ihr Häuschen verkauft, hat nach langem Zögern und vielen Bedenken diesen Ort eines zwanzigjährigen durchaus erfüllten Familienlebens hinter sich gelassen, um schließlich aus dem Opfer auch für sich einen Neuanfang zu gewinnen. Jetzt gilt sie und sieht sie sich als großzügig, wo sie früher sparsam bis geizig war. Seit dem Aufbruch, obwohl sie für sich selbst auch nicht mehr Geld hat als vorher, ist sie äußerst spendabel und karitativ eingestellt, sie lädt Obdachlose zum Mittagessen ein, spendet Kleider und Wäsche für bosnische Flüchtlinge; ihre Tochter tritt neuerdings öfter an sie heran mit der Bitte um finanzielle Unterstützung für die Erfüllung dieses oder jenes kleinen Wunsches. Sie »ist« jetzt jemand, der gerne gibt. Verwandte und Freunde sagen: »Im Alter ist aus dem Geizkragen ein sozialer Mensch geworden«, manche sagen auch: »Sie ist ausbeutbar geworden.« Es leiten sich also von dem Durchbruch auch wieder »Eigenschaften« ab. Das Kleid ihres Alltags-Ichs hat neue Farben hinzubekommen.

Wir brauchen solche Abläufe nicht zu bewerten, zumal Bewertung nicht erkenntnisfördernd ist. Es geht um die Betrachtung der inneren Entwicklungsnotwendigkeit der menschlichen Biographie, und wir können es in unserem Zusammenhang auch ganz offenlassen, ob wir das jeweilige Ergebnis »gut« oder »schlecht« finden.

Haben und Loslassen sind Gegenpole, die sich einander bedingen. Sie haben nicht einfach ein additives Verhältnis zueinander. Das menschliche Leben ist nicht erstens Haben und zweitens

Loslassen. Sondern es entfaltet sich gerade aus der inneren Verwandtschaft dieser beiden Pole. Während, wie es im Alten Testament im Buch Prediger, Kap 3, Vers 1-8 heißt, das eine seine Zeit hat und dann das andere, ist immer auch schon das Entgegengesetzte untergründig anwesend und wirksam. Es gibt nicht nur eine Zeit fürs Geborenwerden und eine Zeit fürs Sterben, eine Zeit zum Pflanzen und eine Zeit zum Ernten, eine Zeit fürs Verlorengehen und eine Zeit fürs Bewahren, sondern während wir Ernten, pflanzen wir auch schon wieder, während wir bewahren, verlieren wir schon, und während wir sterben, werden wir schon geboren.

Die Schwelle zwischen Haben und Aufbruch

Was Haben und Aufbruch voneinander trennt, ist der Abschied. Wir erleben bei diesem Übergang wirklich eine Trennungslinie, einen Grenzübertritt, eine Schwelle. Als würde man in ein anderes Land kommen – und doch kommt man, wie wir gesehen haben, zugleich nach Hause. Wehmut über das gerade Aufgegebene und Sorge oder Angst vor dem, was hinter dieser Grenzlinie kommen mag, das sind die Akzente der zu Anfang eines Schwellenübertritts charakteristischen zwiespältigen Stimmung.

Viel schärfer gebündelt aber als die noch frische und wehmütige Erinnerung an das, was man soeben verloren hat, kommt es bei dem Übertritt aus den Bezirken des Alltags-Ichs in die Sphäre des Höheren Ichs zu einer inneren Schau des Versäumten. Es kann ein Moment sein, es kann eine Phase von einigen Wochen sein, oder es kann sich über Jahre immer einmal wieder ein Bild des eigenen Schattens einstellen, in welchem man, manchmal bildhaft gesteigert zur Fratze, den eigenen Anteil an der Tatsache des Verlustes vor dem inneren Auge hat. Man hat Schuldgefühle.

Nicht nur, was man positiv verliert, ist innerlich anwesend, sondern vor allem, und eben viel schärfer konturiert, was man selbst dazu beigetragen hat, daß es so gekommen ist. Der Ehefrau, deren Mann ihr die Trennung aufgezwungen hat, stellt sich bedrängend die Frage, ob sie sich nicht ganz anders um die Ehe hätte bemühen müssen. Vielleicht wirft sie sich vor, sich zu sehr auf die tägliche Routine und die eingespielten Eherituale gestützt zu haben. Hätte sie sich nicht ganz anders um die Zweisamkeit bemühen sollen? Hat sie den Zugang zu ihrem Mann durch ihr häufiges Nörgeln womöglich selbst verbaut? »Was habe ich falsch gemacht?« – dies ist zumindest als Frage, häufig auch als Feststellung – »Ich habe versagt« – aufdringlich anwesend, und die rückblickende Stimmung des Selbstzweifels kann viel von der Kraft in Anspruch nehmen, die jetzt zum inneren Vollzug der Neuorientierung nötig wäre.

Die Mitverantwortung auch für das Ende selbst erscheint unabweisbar und übergroß. Hätte ich nicht mit viel mehr Ausdauer um die Ehe kämpfen müssen?

Alle problematischen Seiten der Beziehung, die fatale Dynamik aus Vorwurf und Rückzug, stehen da als etwas, das man nie wieder wird gutmachen können. Die Stimmung, gescheitert zu sein, drängt sich in den Vordergrund und läßt kaum Platz für Zukunftsperspektiven. Sogar wenn die Trennung vom anderen ausgegangen ist, hat man doch auch selbst unabänderliche Tatsachen geschaffen, die man jetzt als Glieder in der Verursachungskette erkennt, welche dann zur Trennung geführt hat.

Es ist eine Art Doppelgängererlebnis. Die eigenen Schattenseiten stehen gerade dann so lebhaft vor Augen, wenn man sich entschlossen hat, die Tatsache des Verlustes zu akzeptieren. Davor – solange man noch gegen die Trennung, gegen die Anerkennung des Verlustes kämpft – wehrte man sich auch gegen diesen Blick auf die eigenen Schattenseiten, ganz gleich welche anderen Motive man auch sonst gehabt haben mag, sich gegen die Trennung zu wehren.

Auch andere Verluste wie der Tod eines Angehörigen oder der Verlust des Arbeitsplatzes schaffen solche innere Schattenbilder. Man hat häufig Schuldgefühle, wenn zum Beispiel ein seelisch nahestehender Mensch stirbt, ganz unabhängig davon, ob, was ja kaum der Fall sein wird, objektiv eine Mitschuld an dessen Tod in Frage kommt. Das Schuldgefühl heftet sich auch hier an das *Versäumte* an. Man hat einen alten Konflikt nicht mehr geklärt zu Lebzeiten des jetzt Verstorbenen. Man wirft sich vielleicht vor, oft viel zu oberflächlich mit diesem Menschen umgegangen zu sein. Es ist immer so vieles unerledigt und unerlöst zwischen Menschen. Und bei einem solchen Verlust ist aus dem Aufschieben ein endgültiges Versäumnis geworden.

Es kann auch der Abschied von einer Rolle wie zum Beispiel der Mutterrolle solche Schuldgefühle aufrufen. Der kaum erwachsene Sohn ist ausgezogen, jobbt jetzt im Ausland, wer weiß, welchen Gefährdungen er dort ausgesetzt ist. Hätte ich ihn nicht ganz anders begleiten müssen, gerade als er ins Jugendalter kam? Habe ich genug getan, was die Vermittlung von Werten, Wertgefühlen und auch Selbstwertgefühl betrifft? Habe ich ihn zu oft zurechtgewiesen, und ist er deswegen so weit weg geflohen?

Auch hier kann sich die Stimmung des Scheiterns einstellen, die sich in der Regel nicht rührt, solange wir noch den gemeinsamen Alltag mit dem Kind haben. Im Erziehungsalltag sieht man, wenn Probleme auftauchen, deren Ursachen eher im Kind liegen als bei einem selbst, das man entsprechend zurechtweist oder erzieht. Erst wenn die Rolle aufgegeben werden muß, nimmt man die Verantwortung nachträglich auf sich zurück, manchmal auch in gänzlich übertriebenem Maße, und klagt sich an. Man hat also früher einen problematischen Anteil seiner selbst am Kinde erlebt, hat ihn als Teil des Kindes gesehen, und jetzt, wo es ausgezogen ist, erkennt man sich erst in diesen Schwierigkeiten, die der Erziehungsalltag mit sich brachte. Man nimmt, notgedrungen, seinen eigenen Schatten auf sich zurück.

Auch bei Partnertrennungen ist diese Art von Vervollständigung sichtbar. Der Ehemann hat jahrelang seiner Frau Vorwürfe gemacht wegen ihres laschen Umgangs mit Geld. Nachdem sie ihn verlassen hat, erkennt er das nicht nur als übertrieben und einseitig, sondern er sieht auf einmal auch seine eigene Neigung, sehr großzügig Geld auszugeben. Was er früher an seiner Frau bekämpft hat, erkennt er nun als einen Teil seiner selbst. Natürlich ist dies kein abstrakter oder nüchterner Erkenntnisvorgang, sondern ein heftiges Gefühl des Selbstvorwurfes und der irrationalen Sehnsucht, alles noch einmal neu und besser machen zu können.

Der Übertritt über die innere Schwelle, der Moment, da man den Verlust annimmt, bringt also in gewisser Weise einen Gewinn: Man erlebt als zu sich gehörend die problematischen Seiten dessen, was man verloren hat. Abschied schafft deswegen eine neue innere Wirklichkeit. Ich erlebe nachträglich meinen Schatten, ich habe vor Augen, was mein Anteil an den Problemen des Alltags und mein Anteil daran ist, daß es zu Ende ging. Noch kurz vor diesem Schwellenübertritt habe ich das Vergangene sehnsuchtsvoll in den rosigsten Farben gesehen und für alles Problematische dem anderen die Verantwortung zugeschoben. Im Moment des Schwellenübertritts, im Moment des Loslassens werde ich nun vollständiger. Ich habe mich selbst umfassender im Blick. Abschied schafft erst die innere Wirklichkeit, die mich als ganze Person ausmacht. Dies anzunehmen und einen Sinn darin zu sehen, ist ein Element menschlicher Entwicklung. Was wäre ein Leben, in dem man nie loslassen muß? Es wäre ein Ersticken an der Vergangenheit, ein Krebsgeschwür, ein endloses, zielloses Weiterwuchern dessen, was eben ist. Das eigene innere Urbild würde nie erscheinen. Es gäbe keinen Drang in die Zukunft.

Um es noch anders anzusehen: In dem Moment, da man innerlich losläßt, stellt sich zuerst ein vehementer, schuldbeschwerter Blick zurück in einer Stimmung bohrenden Selbstzweifels ein. Bevor man der inneren Kraft und Zukunftsgerichtetheit aus der Ohnmacht des Verlustes heraus mächtig wird, ist das Gegenteil anwesend: die eigene destruktive, ängstliche, vielleicht unehrliche Seite, die zu dem späteren Verlust beigetragen haben mag. Der erste Augenblick bei diesem Schwellenübertritt ist überschattet davon, daß man nicht nur etwas verliert, sondern es eintauscht gegen ein häßliches Selbstbild. Eine Aufgabe in dieser Phase ist es, das häßliche Selbstbild zu integrieren in das bisherige Selbstbild. Das bin ich *auch*.

Erst danach kommt die andere Perspektive ins Blickfeld. Ich trenne mich auch *zu* etwas hin. Genau weiß ich es noch nicht, was im einzelnen und konkret auf mich zukommt, aber ich erkenne bereits, daß ich mich zu mir hin trenne. Wenn ich meinen Schatten in mein Selbstbild einfügen kann, werde ich in Zukunft auf jeden Fall als Person umfassender und vollständiger sein. Ich werde mich umfassender und auf festerem Grund mit den Tatsachen und Möglichkeiten meines weiteren Lebens auseinandersetzen können. Ich gewinne auf jeden Fall mich. Und das erst ist der Zugang zum innersten Wesen, zum Urbild, zum Höheren Ich. Von hier aus entfaltet sich die Schubkraft des Anschlusses an das eigene innerste Wesen, die eine Trennung mit sich bringen kann.

Konkret muß ich einen neuen Sinn in meinem Leben finden, den ich ja nun nicht mehr an das Verlorene heften kann. Ich muß meine Sinnauffassung ändern, die sich vielleicht bisher zu sehr am Haben orientiert hat. Ich sehe, daß die Trennung für mich selbst einen Sinn haben kann. Jetzt erst begreife ich, warum ich mit dem Verlust des Partners, der Mutterrolle, meiner Rolle als Arbeiter auch bestimmte Hoffnungen und Illusionen aufgeben mußte, gegen deren Verlust ich mich mindestens so heftig gewehrt habe wie gegen die Trennung selbst. Erst jetzt habe ich es nicht mehr nötig, mir das Verlorene kleinzureden – was oft lange ein Versuch ist, sich gegen das Aufgeben einer Hoffnung zu wehren, die man verbunden hatte mit dem Gehabten. Eher gibt man die Ehe auf als das Eheideal.

Lange hat der Pensionär über die Leistungen seiner jüngeren Kollegen gelästert. Lange hat er geschwankt zwischen dem Anerkenntnis eigener Versäumnisse und ihrer Rechtfertigung. Lange hat er nachträglich alle möglichen gefährlichen oder ungesunden Aspekte seines Arbeitsplatzes hervorgehoben – nur um sich den Verlust des Gebrauchtwerdens kleinzureden.

Ähnliche Vorgänge kennen wir von jungen Menschen, die sich vom Elternhaus lösen oder von den Partnern, die eine Trennung selbst initiiert haben: Was man hinter sich läßt, wird nachträglich in seinem Wert und seiner Bedeutung heruntergespielt. Der junge Mensch hat nur noch seine starren, autoritären und altmodischen Eltern vor Augen – nur um noch eine Zeitlang die Einsicht hinauszuschieben, daß er die Geborgenheit des Elternhauses verliert. Der Ehemann, der wegen einer neuen Beziehung seine Frau verläßt, wird sich immer wieder alles aufzählen, was er an ihr auszusetzen hat.

Einsicht in die Bedeutung des Verlustes und Einsicht in den eigenen Schatten wie auch der Kampf dagegen – das sind normale und richtige Phasen beim Schwellenübertritt vom Festhalten zum Aufbruch. Sie müssen durchlebt und durchlitten werden. Die Pathologie fängt aber an, wenn man sich in diesem Hin und Her verhakt. Wenn ich ab jetzt immer der Schuldige und Unfähige bin, weil ich im Rückblick meine Schuld und Unfähigkeit gesehen habe, dann ist äußere Hilfe notwendig. Das kann das Gespräch mit guten Freunden sein, die sich auch einmal distanzieren können. Das kann die Begleitung durch professionelle Berater sein. Wenn ich ab jetzt nie mehr wertschätzen kann, was ich verloren habe, installiere ich eine Lebenslüge. Wenn ich meinen Mann mit meiner besten Freundin in flagranti erwischt habe und nun in dem Bild verharre, daß mein Mann und meine Freundin mich schon immer hintergangen haben, daß sie hinterhältig »sind«, dann gibt es keinen gedeihlichen Weg nach vorne. Man gerät in neue Illusionen, diesmal mit negativen Vorzeichen, an denen man genauso hartnäckig festhalten kann wie zuvor an den angenehmen Illusionen »Mein Mann hat keine Geheimnisse vor mir« oder »Meine Freundin steht immer auf meiner Seite«.

Die Entwicklungschancen, die in einem Verlust, einer Trennung liegen, greifen erst, wenn die Selbstzweifel auch wieder relativiert werden können und wenn man neben dem eigenen positiven Beitrag zu dem Verlorenen auch die positiven Seiten des untreuen Ehemannes wieder sehen kann. Dann ist die Chance gegeben, geradezu gestärkt aus einer Trennung hervorzugehen, was man tatsächlich bei den Partnern, denen die Trennung aufgezwungen wurde, eher erlebt als bei den Partnern, die gezielt eine Trennung herbeigeführt haben. Der aufgezwungene Verlust ist umfänglicher als der von vornherein selbst beabsichtigte, und eben darum enthält er größere Chancen, auch die eigenen Schattenseiten zu integrieren.

Nun gibt es auch den Schwellenübergang nach der anderen Richtung. Nach dem Aufbruch, nachdem man die impulsierende Kraft des Verzichtes erlebt und Berührung gefunden hat mit seinem innersten, zukunftsgerichteten Wesen, kommt der Alltag wieder. Wir steigen früher oder später, bildlich gesprochen, wieder in das Alltags-Ich ein. Wir bilden erneut Gewohnheiten, wenn auch andere. Wiederum erwacht die Neigung, das Erreichte festzuhalten. Oft hat man nach dem Aufbruch die Erwartung, daß man jetzt immer über diese Schubkraft, Zuversicht und Energie verfügt. Oft will man die Verwesentlichung zum Dauerzustand machen. Auch dies ist eine Schwelle. Ihr Überschreiten bringt ähnliche Ambivalenzen hervor wie der Übergang vom Haben zum Aufbruch. Auch hier können Selbstzweifel auftauchen, wenn auch mit anderem Tenor: War das Wirklichkeit? Hatte ich wirklich dieses innere Nach-Hause-Kommen oder bilde ich mir das nur ein? Hatte ich wirklich meine zukünftigen Möglichkeiten so klar und hell vor Augen oder habe ich mir etwas vorgemacht, um mich über den Verlust hinwegzutrösten?

Diese Ungläubigkeit nach dem Abklingen der Aufbruchphase kann wiederum Kraft entziehen. Man hatte doch sich selbst zuinnerst berührt – und doch ist die Gewißheit des Erlebens nicht konservierbar. Das Vertrauen in die erlebte Schubkraft kann schwinden und man droht, sich in den Schwierigkeiten des neuen Alltags zu verheddern, im zermürbenden Streit um Unterhaltszahlungen, in erneuten Erziehungsproblemen, die diesmal aus dem Alltag der »Alleinerziehenden« entstehen. Zu schnell stellt sich Normalität wieder ein, und rückblickend auf die ja eher kurze Phase des Aufbruchs sieht man sich schon Meilen entfernt von den Tagen, als man in erhöhter Weise bei sich war. Man erinnert sich daran wie an ein verblaßtes Märchenbild, an das man in Kindheitstagen einst geglaubt hatte. Auch bei dem Übergang zu den nüchternen Forderungen des täglichen Lebens verliert man etwas, und wiederum muß man bewußt darauf verzichten, um weiterzukommen.

Erst beides zusammen macht Entwicklung aus, das durch Verlust erzwungene Heraustreten aus der Alltags-Identität und der Verzicht auf die Fortdauer des erhöhten Aufbruch-Moments.

So sehen wir *Die Knieende* genau an dieser Schwelle, gleich nach welcher Richtung der Verlust ihr entstanden ist, und die Frage erhebt sich, woher kann ihr der Impuls zuteil werden, sich wieder aufzurichten?

Über das Hören in der Ohnmacht

Wie lange wird *Die Knieende*, schwebend in der Sphäre zwischen Niedersinken und Aufbruch, zwischen dem Verlust und dem Anklingen neuer Hoffnung, in ihrem Zustand verharren? Wir empfinden, daß es sich eigentlich nicht um ein Verharren, nicht um einen statischen Dauerzustand handeln kann. Genauso wenig wie die Kugel, die wir hochwerfen und die an einem bestimmten Punkt umkehrt und beschleunigt wieder herunterfällt, an dem Wendepunkt »verharrt«. Zwischen beiden Bewegungen hat sie einen Wendepunkt, an dem die Dynamik der vorhergehenden Bewegung erlischt und die neue Bewegung, hier das Herunterfallen, sich »anspannt«. Es ist eine höchst spannungsreiche Zwischensphäre, die nicht richtig beschrieben ist, wenn man sie als Zustand charakterisiert.

Die Knieende weist nun auf den seelischen Ort hin, von dem her die neue Bewegung – das ist bei ihr die Aufrichte – sich anspannt. Durch die Überstreckung der Glieder, der Körperteile also, mit denen man sich fortbewegt und handelt, zeigt sie an, daß sie im nächsten Moment über sich hinausgehen wird. Die rechte Hand, und hier besonders der Zeigefinger, deuten auf einen Raum hinter ihr, aus welchem ihr die Kraft zuwachsen wird, sich wieder zu erheben. Das linke Ohr nimmt durch die Neigung des Kopfes nach links unten die gleiche Richtung auf, und wenn wir die von der Hand gewiesene Richtung und die Hörrichtung zur Deckung bringen, befinden wir uns an dem Ort, wo, in der christlichen Darstellung, den Engeln Flügel wachsen. *Die Knieende* hört hinein in den Raum hinter sich. Es ist ein inneres, seelisches Hören. Sie nimmt von dort nicht »Informationen« auf, sondern gewinnt durch das seelische Hören Anschluß an eine höhere Sphäre, welche durch das Zeichen der Flügel als geistige charakterisiert ist, als eine über das alltägliche Hören hinausgehende, wesentliche Dimension. Sie hört auf ihr Höheres Ich. Sie lauscht, als verfüge sie zwischen den Schulterblättern über ein geistig-seelisches Hörorgan, ein »Drittes Ohr«. Sie lauscht auf Wesen und Sinn des Verlust-Vorganges, in dem sie sich befindet. Sie erlauscht, welcher Sinn für sie in ihrem Verlust liegen kann. Und sie ahnt, angezeigt eben durch die Überstreckung der Glieder, daß sie über sich hinausgehen muß, um als Impuls aufnehmen zu können, was ihr »von hinten«, von der Sphäre ihres Höheren Ichs her, gesagt ist. Sie ist durch ihren Verlust zutiefst alleine und auf sich verwiesen, wehrt sich aber nicht gegen diese Situation, oder jedenfalls nicht mehr, sondern geht noch tiefer, diese annehmend, in sie hinein, lauscht nach innen, was eben das gleiche ist wie über sich hinaus zu hören.

Angesichts eines Verlustes kommt es also auf ein vertieftes, inneres Hören an, welches erst möglich ist in einer Situation, in der ich auf mich zurückverwiesen bin. In der alltags gegebenen Bezogenheit auf andere kann ich nach diesem Ort hinter mir hin gar nicht hören. Eine nicht nur äußere, sondern auch seelische Einsamkeit ist notwendig, um auf das Wesentliche meiner Individualität hören zu können, um zu erlauschen, worauf es jetzt für mich ankommt. Um eine erste, innere Handlung zu gewinnen, muß ich auf das hören, was sich für mich in dem Verlust ausspricht, welche Aufforderung er für mich enthält. Das ist die Wende, deren Dynamik sich ab hier entfalten kann und die schließlich zum Aufbruch führt. Der Impuls zum Aufbruch wird gehört.

Nur wenn sie hört auf das, was sich für sie in dieser Situation ausspricht, wird *Die Kniende* sich erheben können. Sie würde weiter niedersinken, wenn sie nicht das »Dritte Ohr« öffnen könnte. So aber hat sie Zugang zu der Möglichkeit, sich zu ihrer Ich-Gestalt zu erheben.

Die Einsamkeit im ersten Moment des Verlustes, der (ungewollten) Trennung schafft zunächst eine Ohnmacht und Orientierungslosigkeit. Das Alltags-Ich fällt in sich zusammen. Das kann sich wie eine Betäubtheit anfühlen, als eine Art Lähmungsgefühl, und man ahnt sogleich, daß man einen neuen, ganz anderen Zugang zu den eigenen Seelen-, Denk- und Willensbetätigungen wird finden müssen, wenn man sich aus dieser Ohnmacht wieder aufrichten will. In der brennenden Leere des Verlustes kommt es darauf an, sich noch tiefer der Tatsache bewußt zu werden, daß man jetzt allein auf sich verwiesen ist, und gerade dadurch kann man dieses »Dritte Ohr« öffnen, von dem aus man sich neu auf die eigenen Wurzeln besinnt.

Angesichts von Trennung, Abschied und Verlust fühlt man sich immer allein gelassen. Aber gerade dies enthält die Chance, Zugang zum Wendepunkt zu finden, der aus der Ohnmacht führt. Das ist offensichtlich auch der Grund, weshalb man in der ersten Erschütterung oft allein sein *will*. Neben der Sehnsucht, das Verlorene doch wieder zu haben, ist das Bedürfnis da, sich distanzieren zu können von den alltäglichen Bezügen und Beziehungen, um sich und die eigenen Wurzeln, neu zu finden.

So ist es nicht einfach Trotz oder Verharren im Verletzt-Sein, sondern es liegt offenbar eine tiefere Weisheit darin, wenn wir im Verlust Abstand haben wollen. Auch wenn man im ersten Augenblick, zum Beispiel im Moment der Trennungsankündigung, bildlich gesprochen, den Kopf einzieht in dem Wunsch, nicht gemeint zu sein. Aber eben in dieser Abwehrgeste – »Das kann nicht mir gelten« – liegt schon die Ahnung, daß man intimer und persönlicher gemeint ist als mit manchem Glück des Habens. Man spürt sofort, daß man gemeint ist, man spürt, daß es darum geht, daß man noch einmal ganz neu zu sich herausgerufen ist.

Der Vorgang, dies anzunehmen, läßt sich als Identitätsentflechtung beschreiben. Man trennt sich ja nicht von irgendwas. Irgendwas nicht mehr zu haben, ist kein Verlust. Vielmehr trennt man sich von etwas, das man bis hierhin *war* und von dem man gewollt oder gehofft hat, daß es auch weiterhin zur eigenen Person gehören würde.

Im Zusammenhang mit der Paartrennung bedeutet das, sich von jemandem zu trennen, mit dem es zuvor Überschneidungen, gemeinsames Erleben, gemeinsames Empfinden, gemeinsame Ansichten gegeben hat. Der Partner war ähnlich in vielen Bezügen, oder er war in anderen Bezügen mein Gegenpol zu meiner Ergänzung. Nach beiden Richtungen gehörte er zu mir, er war ein Teil von mir, und ich war ein Teil von ihm. Unsere Identität hatte sich überschneidende, zu beiden gleichzeitig gehörende Bereiche. Waren wir vorher beispielsweise berührt durch Neue Musik, so bin ich es jetzt allein. Waren wir vorher engagiert in einer Umweltschutzinitiative, so bin ich es jetzt allein. Warst du früher verschwenderisch und ich sparsam und hatten wir darin einen guten Ausgleich untereinander, so muß ich den Ausgleich jetzt selbst finden. Ich muß jetzt auf mich nehmen und allein tragen, handhaben und vertreten, was wir bisher gemeinsam oder in Abstimmung miteinander getragen, gehandhabt und vertreten haben. Die Paartrennung ist die Umkehrung der Begegnung: Der Funke war damals übergesprungen auf bestimmte Ähnlichkeiten und Ergänzungsmöglichkeiten im Wesen der beiden Verliebten, auf sich gegenseitig ausgleichende Gegenpoligkeiten. In der Beziehung hat dann jeder auch durch den anderen gelebt, jeder am anderen etwas von sich erlebt, und jeder hat über den Partner etwas von sich ausgelebt. Besonders am Anfang der Beziehung habe ich meinen Partner »beauftragt«, mein Ideal-Selbst, also das, was ich idealerweise für mich erreichen möchte, darzustellen, auszuleben, für mich zu vertreten, mich daran teilhaben zu lassen durch seine Gegenwart.

Nun in der Trennung muß ich all diese gemeinsamen oder einander entsprechenden Identitätsanteile ganz alleine tragen. Ich muß sie alle auf mich selbst zurücknehmen. Das ist der Auftrag, den ich durch das »Dritte Ohr« höre. Sei jetzt auch das, was dein Partner bisher für dich getragen und ausgetragen hat.

Dies gilt für die positiven wie für die problematischen Seiten. »Zu zweit sind wir mehr als allein, wir sind aber auch weniger, als wir allein sein könnten«, schreibt Verena Kast in ihrem Werk *Sich einlassen und loslassen*. Solange die Beziehung noch bestand, hat mir mein Partner mein Selbstbild, ja meine Existenz bestätigt und sie in ihrer Einseitigkeit zur Vollständigkeit hin ergänzt. Ich verliere jetzt also nicht nur einen bestimmten Menschen, mit dem ich viel geteilt habe, sondern ich fürchte auch das zu verlieren, was ich mit ihm teilen konnte: die Teile meines Selbstbildes, die auf ihn bezogen waren und die er mir immer wieder bestätigt hat. In der Trennung fürchte ich deshalb, mich beziehungsweise Teile meiner Identität zu verlieren. Dieser Verlust ist um so mächtiger, je mehr und je länger ich mich zuvor über den Partner – es kann auch der Beruf oder die Elternrolle sein – definiert habe. Und um so schwieriger wird es sein, daß ich mich nach der Trennung wieder selbst finde.

In der Trauerarbeit angesichts eines Verlustes lösen wir uns von einem Gemeinschafts-Selbst und müssen uns neu besinnen auf uns selbst als eigenständiges Individuum. Nur so komme ich wieder in Einklang mit den Grundlinien meines Lebens.

Das, was ich jetzt auf mich selbst zurücknehmen muß, sind aber auch die problematischen Teile, von denen im vorigen Kapitel die Rede war anläßlich der Betrachtung des Schwellenerlebnisses, das den eigenen Schatten, die eigenen Versäumnisse, die eigene Schuld vor Augen führt.

Eine Ehefrau war jahrelang gespalten in ihrem Kinderwunsch. Ihr Partner wollte definitiv kein Kind. Sie selbst sah sich gespalten zwischen dem Bedürfnis, ihr Frausein durch eine Mutterschaft zu erfüllen, und dem anderen Bedürfnis, gerade als Frau unabhängig zu bleiben durch ein berufliches Engagement. Jetzt hat der Partner die Trennung herbeigeführt, und unter anderem ist sie jetzt mit ihrem Kinderwunsch in ganz neuer Schärfe konfrontiert. Hat sie früher die Tatsache, keine Kinder zu haben, vor sich und vor anderen immer damit begründet, daß ihr Partner ja keine Kinder wolle, muß sie dies jetzt aus sich heraus begründen.

Sie muß diesbezüglich jetzt für sich eine Entscheidung treffen. Und wie so häufig läßt sich diese lange aufgeschobene Frage, die ja ein Teil von ihr ist, nicht einfach dadurch erledigen, daß sie nach der Trennung allein ist. Sie ist es nicht, sondern es ergibt sich gleich eine neue Beziehung, und der neue Partner will ein Kind mit ihr. Sie ist von ihrer Ambivalenz jetzt nicht mehr befreit. – Es verwundert nicht, daß ihr früherer Partner mit seiner neuen Partnerin inzwischen ein Kind erwartet. Er hatte seiner früheren Frau durch seine dezidierte Verneinung des Kinderwunsches etwas abgenommen.

Jeder Rentner kennt diese Schärfe der Selbstkonfrontation beim Abschied. Solange man noch berufstätig war, hatte man einen guten Grund, bestimmte Dinge nicht anzupacken. Man hatte ja keine Zeit oder die Kraft reichte nicht. Seien es äußere Dinge wie die längst überfällige Renovierung des Hauses oder mehr innerliche wie die Bereinigung einer lange unerlösten Angelegenheit – jetzt hat man die Zeit, und der Frage ist nicht mehr auszuweichen: »Will ich wirklich?« »Und kann ich es auch?« Was ich bisher aufgeschoben habe, muß ich jetzt aus mir heraus tun, als einen Teil meiner selbst handhaben, weil ich in vielfältigen Bezügen stand.

Wenn mein Vorgesetzter nicht so mißgünstig wäre, könnte ich mich im Beruf ganz anders engagieren und beispielsweise neue Ideen entwickeln. Jetzt ist er versetzt worden – für mich also eigentlich eine positive Trennung. Nun muß sich zeigen, ob ich aus mir heraus das Zeug dazu habe, mich im Beruf ganz anders zu engagieren und neue Ideen zu entwickeln. Ich kann in mich hören, ob es sich hier wirklich um ein inneres Bedürfnis handelt, oder neue Ausreden suchen: Die Kinder sind jetzt älter, die brauchen mich jetzt häufig bei den Schularbeiten. Jetzt habe ich leider wieder nicht den Kopf frei, um neue Ideen in meinem Beruf zu entwickeln.

Das, was ich jetzt in der Trennung auf mich zurücknehmen muß, kann also sowohl positive wie negative Vorzeichen haben. In beiden Fällen ist die Trennung ein Aufruf zur Autonomie. Ich muß mich jetzt mit eventuellen Schuldgefühlen und eigenen Versäumnissen auseinandersetzen, aber auch damit, daß mein Partner mir manches abgenommen hat. Unser Selbsterleben im Alltag ergibt sich zu einem großen Teil aus unseren Bezügen zu anderen Menschen. Wir erleben als Teil unserer selbst, was andere Menschen in uns hervorrufen und bewirken. Trennung ist deswegen zunächst auch immer ein Identitätsverlust. Auch da, wo es überreif war, daß ich mich auf mich selbst besinne. Was ich durch andere bin, das kann irgendwann auch erschöpft sein, und dann entfaltet sich die innere Dynamik des Habens, wie sie eingangs beschrieben wurde und die immer eine ambivalente ist. Ich habe Angst zu verlieren, was ich durch meinen Partner, meinen Beruf bin, aber ich kann gleichzeitig empfinden, daß ich es schon nicht mehr bin. Ich kann untergründig weitergegangen sein, mich weiterentwickelt haben, mein Denken, meine Ansichten, mein Fühlen können sich bereits über dasjenige hinaus entwickelt haben, was in meiner Beziehung möglich ist. Und dennoch habe ich Angst zu verlieren, was sich in dieser Beziehung als Tatsache manifestiert hat. Und wenn der Partner dann geht, steht im Vordergrund das Verlust-Erleben, auch wenn ich sogleich ahne, daß damit auch etwas von mir genommen ist, ich etwas abstreifen kann, was nur noch von der Vergangenheit her betrachtet Teil meiner Person ist. Eine Trennung kann eine Art überfällige Häutung sein, auch wenn der Verlustcharakter zunächst im Vordergrund steht. In der Trennung habe ich die Möglichkeit, etwas von mir abzustoßen, was ich innerlich nicht mehr bin. Damit ist überhaupt nicht gesagt, daß ich es nie war. Aber etwas, das früher zu mir gehörte, ist mir nun äußerlich geworden, und daß ich es jetzt verliere, ist eine Verwesentlichung und eine Chance zur Ichhaftigkeit, deren Wesen eben Wegcharakter hat.

Wir nehmen den Verlust, die Trennung an, insofern es uns durch ein Hören »nach hinten« gelingt, abzustoßen, was wir nicht mehr sind, schon lange nicht mehr sein wollen und jedenfalls jetzt nicht mehr sein können. Und gleichzeitig wird, hörend, erkennbar, worin wir uns in der Trennung zu erneuern und zu vervollständigen haben. Loslassen ist deshalb kein resignativer Vorgang oder gar eine Kapitulation und auch kein Abhaken, sondern Loslassen führt weiter, wenn wir hören.

Wir hören auf das, was sich im Verlust ausspricht. Erst hier hat solches Hören seinen Platz. Man hört nicht auf das, was sich im Haben ausspricht und im Glück des Besitzes. Man hat kein Bedürfnis und keine Veranlassung dazu. Auf das Haben können wir das innere Hören erst richten, wenn wir wenigstens in einem inneren Szenario und vorübergehend, probeweise uns distanzieren von dem, was wir glückbringend haben, und uns vorstellen, wir hätten es nicht mehr. Erst dann kann sich aussprechen, was wir auch im Haben sind.

Seelisch hörend ist also Individuation angesprochen und aufgerufen. Der Sinn des Wechsels von Haben und Loslassen liegt in der Individuation.

Individualität findet sich erst im Wechsel von Gewohnheit und Aufbruch, von Haben und Abstreifen, von Beziehung und Trennung. Im schieren Haben entfaltet sich Individuation nicht, wie sie am andauernden schnellen Loslassen zerbricht.

Erst in diesem Wechsel hat man die Möglichkeit, bisher brachliegende Seiten der eigenen Person zu erkennen und auf die Erde zu bringen. Erst im Wechsel von Haben und Loslassen kann man sich erkunden. Die Entflechtung der Identität und ihre Wieder-Verbindung auf neuer Ebene schafft Autonomie. Trennung ist deshalb nicht eine Katastrophe an sich, sondern ein wesentlicher

Teil der menschlichen Entwicklung. Auch Autonomie ist ein Prozeß und nicht etwas, das man »hat«.

Trennung ist nur dann eine Katastrophe, wenn ich sie als Zustand, als Endzustand betrachte und insofern an ihr festhalte. Wenn ich an der Verletztheit festhalte und an der Erschütterung. Auch mit der Trennung kann man im Modus des Habens umgehen. Dann »hat« man die Trennung und das Verlassen-Sein. Man »hat« die Depression darüber. Um hier in den Prozeß zu kommen, bedarf es manchmal äußerer Hilfe. Diese wird darin bestehen, den Betreffenden ebenso fest wie sorgsam durch alle Einzelheiten des Verlustes zu führen und auch durch alle Details der Selbst-Anteile, die er jetzt auf sich zurücknehmen muß – und durch die Angst vor dem Neuen.

Trennungsangst und Trennungslust

Der Gedanke an Trennung löst zunächst Ängste aus. Das ist normal, denn man weiß, daß eine Trennung Sicherheiten wegnimmt und Gewohnheiten ins Leere laufen läßt, in denen man sich bisher zu Hause gefühlt hat. Der nun anstehende Vorgang wird allerdings nicht gut gedeihen, wenn wir bei – oder besser vor solchen Ängsten stehenbleiben. Dies kann die Beziehung in ein Stadium bringen, in dem sie nur noch darin besteht, daß mit großem inneren und auch äußeren Aufwand Trennung vermieden wird, damit man sich mit solchen Ängsten nicht auseinandersetzen muß. Wir haben dann zwei Menschen vor uns, die über Jahre an ihrer Partnerschaft oder Ehe festhalten, auch wenn sie schon lange unter dem Zusammensein leiden. Nicht nur Ehepartner, auch zum Beispiel eine Mutter und ihre inzwischen erwachsene Tochter können sich gegenseitig in der Mutter- beziehungsweise Tochterrolle festhalten. Die Mutter fürchtet eine Sinnentleerung ihres Daseins, fürchtet überflüssig zu sein, wenn die Tochter selbständig wird, und der Tochter mag es bequem sein, sich weiter bemuttern zu lassen, weil sie damit vor der Selbstverantwortung zurückweichen kann. Und gleichzeitig beklagt die Mutter ihre Überlastung, sie würde »eigentlich« gern mehr Zeit für sich selbst haben. Und die Tochter fährt die Mutter an, weil sie sich ständig einmische in ihre Angelegenheiten.

Besonders offensichtlich wird die Trennungsvermeidung, wenn sie einseitig ist. Sie bekommt dann den Charakter des verzweifelten Ankämpfens gegen Tatsachen, denen man seelisch nicht folgen will. Eine einseitige Trennungsvermeidung liegt auch vor, wenn wir, um eine eigenverantwortete Arbeit hinauszuschieben, eine

Fort- oder Ausbildung nach der nächsten absolvieren. Noch diesen Kurs und noch jenes Zertifikat. Man will sich nicht aus der Rolle des Lernenden, aus dem schönen Noch-Nicht, verabschieden. Man vermeidet, sich komplexen Arbeitsanforderungen individuell zu stellen. Und wenn es nach der fünften Therapiefortbildung immer noch nicht so recht gelingt, verhaltensschwierige Kinder zu erziehen, Drogenabhängige zu »therapieren« und dergleichen, dann ist das Ausbildungsinstitut schuld. Die Trennung in die Autonomie hinein wird vermieden. Bei dieser Art Blockade handelt es sich um die Angst vor dem eigenen Höheren Ich. Das Alltags-Ich fürchtet, durch das Höhere Ich in Frage gestellt zu werden und hält deshalb mit zunehmender Verkrampfung an allem fest, womit es sich schon immer verbunden hat.

Besonders groß und zentral ist diese Angst vor Identitätsverlust in zu Ende gehenden beziehungsweise innerlich schon längst zu Ende gegangenen Beziehungen. Im Extremfall rutscht man aus Angst vor der Trennung in die Symbiose zurück, das heißt man leugnet jede Unterscheidbarkeit der Individuen. Um ja nicht den Gedanken an Trennung weiter verfolgen zu müssen, verschmilzt zum Beispiel die Ehefrau mit dem Ehemann derart, daß sie sein tägliches Spät-Kommen nicht mehr erkennen und erleben kann als etwas, das sie kränkt. Vielmehr macht sie sich seine Begründungen dafür zu eigen und behauptet vor sich selbst, es nicht anders zu wollen. Der Mann, nehmen wir an, sieht schon lange keine Chance mehr in seiner Ehe. Er hat schon lange heimlich eine Freundin. Aber auch er traut sich nicht, nach der einen oder anderen Richtung die Konsequenzen zu ziehen (denn beides würde Trennungsschritte beinhalten), sondern führt ein Doppelleben. Vor seiner Frau schützt er Erholungsbedürfnis vor und sagt ihr, daß er abends nach der Arbeit zum Sport, ins Kino und so weiter gehe, um sich wieder zu sammeln. Untergründig spürt seine Frau, daß er aus der Ehe schon ausgestiegen ist. Sie will es nicht wahrhaben und übernimmt deshalb unhinterfragt seine vorgeschobenen Begründungen. Ihrer Freundin erzählt sie, sie finde das gut und wichtig, daß ihr Man sich abends Erholung nach seiner anstrengenden Arbeit gönne. Das komme letztlich ja auch ihrer Ehe zugute. So kann die Angst vor Trennung bis zur Selbstaufgabe gehen. Das ist wie Selbstmord aus Angst vor dem Tod.

Wenn Trennung im Raum steht und dies einem oder beiden Beteiligten bewußt ist, stellen sich die Ängste vor Identitätsverlust, vor Verlassenheit und vor vermeintlichem Scheitern selten unverhüllt als solche dar, sondern sie kleiden sich in konkretere Ängste. Diese richten sich auf die Kinder, auf die Verletzung moralischer Normen oder gesellschaftlicher Werte, also auf etwas dem betroffenen Individuum Äußeres.

So vermeiden viele Ehepaare eine Trennung »wegen der Kinder«. Daß es hierbei keineswegs um einen kindersolidarischen Gesichtspunkt geht, wird daran erkennbar, daß solchen Kindern tatsächlich eine Menge zugemutet wird, was bis in die Nähe einer Aufforderung zur Selbstaufgabe kommt und geradewegs Opfer von ihnen verlangt. Man mutet den Kindern die tägliche Aufführung eines schlechten Theaterstücks zu und verweist sie auf die Rolle des dumm-glücklichen Zuschauers oder des naiven Mitspielers. Man spielt ihnen eine Familie vor, die man innerlich doch schon längst nicht mehr ist. Man verlangt von ihnen das Opfer, dies nicht zu durchschauen und auf jede eigene Wahrnehmung dieser Farce zu verzichten. Damit wird aber das Kind als eigenständige Persönlichkeit entwertet. Das ist Trennungsvermeidung »wegen der Kinder«. In Wahrheit benutzt man sie als Klebstoff für das längst zerbrochene Ehegefäß und weist ihnen insofern sogar Verantwortung zu dafür, daß die Scherben nicht vollends auseinanderfallen.

Man gibt vor, Kindern die heile Kindheit bewahren zu wollen, und hält damit einen Mythos hoch, der in Wirklichkeit auf Unfähigkeit und mangelndem Realitätssinn basiert. Als ob Kindheit ein paradiesischer Zustand wäre, in den das Böse in Gestalt einer Trennung der Eltern hereinzubrechen drohe. Im Gegenteil: Solche Funktionalisierung von Kindern zum Zwecke der Trennungsvermeidung ist ein weiteres Beispiel dafür, daß Kindheit schon immer durch Unterwerfung, Ausbeutung (früher finanzieller, heute emotionaler Art), Mißhandlung, Angst, Unsicherheit, Leistungs- und Rollendruck, Ablehnung und überbehütete De-Autonomisierung gekennzeichnet ist.

Natürlich ist es richtig, daß Kinder unter einer Trennung ihrer Eltern leiden. Meist ist dies aber das kleinere Übel gegenüber der Einübung in chronische Blindheit, welche Eltern mit Trennungsangst von ihren Kindern verlangen. Dem Kind eine heile Familie vorzuspielen, entwertet nicht nur ihre eigene Wahrnehmung, sondern die aufkeimende Individualität überhaupt. Kinder, denen erklärt wird, daß die Eltern sich trennen werden, weil sie nichts mehr miteinander anfangen können, sind zwar erschüttert, aber auf einer tieferen Ebene durch diese Mitteilung bestärkt, weil sie das schon längst selbst gespürt haben. »Die Kinder« vorzuschieben, um sich ja nicht mit Trennung auseinandersetzen zu müssen, ist eine Sekundärmotivation des Bleibens, die prädestiniert ist für jene innere Dynamik des Bleibens, wie sie im ersten Kapitel beschrieben wurde. Es kann alles nur noch schlimmer werden, wenn nicht eine neue Primärmotivation des Bleibens hinzukommt.

Eine andere Sekundärmotivation des Bleibens ist das Vorschieben allgemeiner Standards moralischer, religiöser oder weltanschaulicher Art. Meine Kirche verurteilt die Trennung von Eheleuten, die Weltanschauung verlangt das demütige Ausharren, die ungeschriebenen Gesetze unseres Dorfes ächten das sich trennende Paar. Wenn dies die einzigen Gründe für ein Zusammenbleiben sind, sind es keine. Denn es sind zunächst keine individuellen, selbstverantworteten Gesichtspunkte, sondern sie wollen im Gegenteil allgemeine Gültigkeit besitzen. Zwei Individuen bleiben also zusammen wegen eines Abstraktums. Sie entwerten damit nicht nur jeweils sich selbst als Individuum, sondern auch den Partner. Sie verzichten und verlangen von ihm, auf die weitere persönliche Entwicklung zu verzichten. Ein verlangtes Opfer ist aber kein solches, sondern kommt einer Entmündigung gleich. Ein Opfer kann nur freiwillig sein, wenn es geistig gültig sein soll. Ein mündiges Handeln beziehungsweise Unterlassen läge vor, wenn die beteiligten Individuen sich selbst und ganz persönlich diesbezüglich eine Moral erarbeiten würden, die sie dann autonom zur Richtschnur ihres Handelns oder Unterlassens machen würden.

Daß das Hochhalten solcher Standards letztlich nur Luft ist, erkennen wir empirisch daran, daß in eben solchen Kreisen, in denen diese Werte erklärtermaßen eine hohe Gültigkeit haben sollen, es genauso oft zu Trennung kommt und vor allem zu den unehrlichsten Formen von Beziehung und Neben-Beziehung. Allgemeine Moral kann das Individuum weder tragen noch schätzen. Sie ist nichts wert, solange sie nicht individuell erarbeitet wird. Qualvolles Zusammenbleiben ist das Ergebnis.

Das flachste Motiv, Trennung zu vermeiden, liegt in dem bedauernden Hinweis auf das gemeinsame Haus und die finanziellen Probleme, die entstehen würden, wenn man sich trennt. Hier ist das Geld wichtiger als das menschliche Weiterkommen der Beteiligten. Kann es eine schlimmere Selbst- und Fremdentwertung geben? Das gemeinsame Haus repräsentiert gerade bei latent trennungsgefährdeten Eheleuten die Zementierung des Ausharrens. Rekonstruiert man die jahrelange untergründige Entwicklung einer Ehe zur Trennung hin, dann findet man regelmäßig das gemeinsame Haus als letzten verzweifelten Versuch, die innerlich schon verblassende Gemeinsamkeit noch einmal durch einen äußeren symbolischen Kraftakt zu ersetzen. Daß Trennung im Raum stand, haben sie schon gewußt, als sie sich entschlossen zu bauen. Der Aufwand, der Ärger, auch die Freude im Lauf der Entstehung des Hauses hatten die Funktion, von den inneren Problemen der Ehe abzulenken. In dem Moment, da der letzte Stein gesetzt, der Vorgarten bepflanzt ist und alle Gebäudeversicherungen abgeschlossen sind, steht die Ehe als leeres Loch in den nun eigenen Räumen und gähnt.

Wenn man jetzt erneut den Trennungsgedanken wegschieben will, wird man bald anfangen, mit dem Nachbarn zur Linken zu prozessieren wegen seines Telefonkabels, das durch das eigene Grundstück führt, mit dem Nachbarn zur Rechten wegen des Lärms, den dessen halbwüchsiger Sohn jeden Abend mit seinem Schlagzeug veranstaltet, und mit dem rückwärtigen Nachbarn wegen des Schattens, den sein Kirschbaum auf unsere Terrasse wirft.

Wenn das dann ausgeschöpft ist, kann die nächste Phase in der Trennungsvermeidung beginnen: Ergiebige Krankheiten schleichen sich ein. Jetzt sind es die Bandscheiben, das Rheuma, die Galle, welche dafür herhalten können, daß die Eheleute nicht auf sich selbst als Partner blicken müssen. Tägliche Arztbesuche, häufige Kuren mit dem anschließenden Verfassen von Beschwerdebriefen, weil zum Frühstück statt Butter Margarine gereicht wurde, sowie die Hingabe an die ordnungsgemäße Einnahme der vielfarbigen Medikamentenpalette füllen jetzt den Ehealltag.

In der Schlußphase wird dann noch einmal versucht, die Kinder zu funktionalisieren: Wir haben das Haus nur für dich gebaut – Warum willst du mit deinem Freund nicht in die Einliegerwohnung ziehen? Warum willst du die Ausbildung denn in einer anderen Stadt machen? Hier sparst du die Miete, ja, und wenn was Kleines kommt, könnten wir auf das Kind aufpassen.

Dies sind die Werkzeuge, mit denen man sich gerne traktiert, solange sie helfen, nicht kritisch und konsequent auf die eigene Partnerschaft blicken zu müssen. Und am Ende scheint ja alles gutgegangen. Der ganze Vermeidungsaufwand hat schließlich gemeinsame Realitäten geschaffen, man hat jetzt soviel gemeinsam erlebt – beim Hausbau damals, bei den Prozessen, beim Auszug der Kinder, den finanziellen Nöten –, daß man nun deswegen zusammenbleibt. Und in der Statistik können wir wieder eine »intakt« gebliebene Ehe verbuchen.

Es kann nur ein Motiv geben, bei Gefährdung einer Ehe zusammenzubleiben. Das ist das herzliche Interesse am Partner, seiner Individualität und seiner Entwicklung. Und auch dieses Motiv trägt nur, wenn es gegenseitig ist. Dann hat die Ehe einen Sinn. Mit anderen Worten: Sie hat dann Anschluß an das Höhere Ich der Partner. Jede Partnerschaft hat Phasen der inneren Distanzierung und der Deregulierung, der vorübergehenden Entfremdung. All dies muß überhaupt nicht zwangsläufig zur Trennung führen, wenn es zum Anlaß genommen werden kann, den Ehewillen immer neu zu bilden im Sinne des herzlichen Interesses am Partner. Wenn der Gedanke an Trennung da ist, ist er da. Ein Loslassen ist dann unvermeidlich. Nicht die Ehe loszulassen und den Partner wegzuschicken, ist der gemeinte Impuls, wenn Belastungen für die Ehe auftreten, sondern diesen Partner innerlich erneut zu heiraten, auf jeweils vertiefterem Niveau.

Illusionäre Anteile am eigenen Selbstbild und am Bild vom Partner müssen hier losgelassen werden mit allen Erschütterungen, Zweifeln und Schuldgefühlen, die jeder seelische Abschied mit sich bringt. Die Trennung braucht äußerlich nicht vollzogen zu werden, wenn sie in bezug auf die in der Ehe unwahr gewordenen Vorstellungen, Erwartungen oder Normen innerlich vollzogen wird. Dann ist mit demselben Partner jeweils eine neue Ehe möglich.

Schließlich gibt es eine Form von Trennungsangst, die wir, scheinbar paradox, als Trennungslust bezeichnen können. Bei jedem Konflikt trennt man sich vom gerade aktuellen Lebensabschnittpartner. Man verspricht sich eine Lösung des Konflikts davon, daß man sich trennt. Weniges ist illusionärer als dies. Eine Trennung, die angeblich einen Konflikt löst, verschiebt nur die

Selbst-Konfrontation auf später, auf eine andere Partnerschaft oder auf ein anderes Feld.

Herr Müller sah sich gezwungen, sich von seiner Freundin zu trennen, weil sie Frühaufsteherin ist und er Langschläfer. »Wir passen nicht zueinander«, sagt er und meint: »Sie hat sich mir nicht angepaßt.« In der nächsten Partnerschaft ist es der unterschiedliche Umgang mit dem Geld und in der übernächsten sind es die auseinandergehenden Freizeitinteressen. Leider hat man jeweils nicht zusammengepaßt. Aus dieser Haltung heraus wird aber nie eine langfristige Beziehung entstehen, denn es liegt hier ein Irrtum vor. Eine Beziehung und erst recht eine Ehe ist nicht dazu da, daß man das Zusammen-Passen zelebriert. Ihre innere Dynamik entfalten Beziehungen im Gegenteil daraus, daß die Partner in verschiedenen Bereichen nicht zusammenpassen und daran die Individualität des anderen erkennen, achten lernen und zum Anlaß nehmen, die eigene Individualität zu befragen und gegebenenfalls zu entwickeln. Erst dadurch entsteht soziale Substanz.

In der raschen Trennungsbereitschaft vermeidet man, sich selbst in Frage zu stellen und innere Abschiede von sich erleben zu müssen. Wenn man sich bei jedem Konflikt gleich trennt, nimmt man sich die Chance, das im Konflikt liegende Individuationspotential aufgreifen zu können. Mit einer solchen Trennung kann man nichts abhaken. Denn bei jedem Konflikt muß man sich von etwas trennen, von eigenen Selbstbildern, unrealistischen Erwartungen und Fehleinschätzungen. Dem standzuhalten ist eine Leistung des Höheren Ichs.

Gerade der Konflikt in der Beziehung kann deshalb die Beziehung besser stabilisieren als das verzweifelte Hochhalten moralischer Gesichtspunkte oder anderer Sekundärmotivationen des Bleibens.

So wie es nur einen Grund gibt zusammenzubleiben – das herzliche Interesse am Partner –, so gibt es letztlich nur einen

Grund zur Trennung: die Ich-Schädigung. Wenn die Partnerschaft beziehungsweise das Verhalten des Partners oder das Verhalten, das er mir abnötigt, meine Selbstachtung beschädigt oder mir jeden Raum nimmt, mein Ich zu betätigen, dürfte Trennung nötig sein. Jedes Opfer in der Beziehung, das nicht aus freien Stücken und aus Souveränität, sondern aus Zwang und Druck gebracht ist, schädigt das Ich. Dann muß man gehen. Alle anderen Trennungsgründe müssen keine sein, wenn man sie beiderseits als Anlaß zum inneren Aufbruch und damit zur Verwesentlichung der Beziehung nimmt. Der Wert des Zusammenbleibens ist groß. Er besteht darin, daß über jene inneren beidseitigen Aufbrüche die Beteiligten eine soziale Substanz schaffen, die durch sich selbst Kraft entfaltet – auch für andere, die solches miterleben. Denn das Ich ruft das Ich auf.

Die Trennung beginnt vor dem Abschied

Die Trennung zweier Partner hat meist keine einzeln isolierbare »Ursache«. In der nachträglichen Rekonstruktion der Entwicklung, die schließlich zur Trennung geführt hat, finden wir einen zunehmenden, sich selbst zündenden Verfall der Kommunikation zwischen den Beteiligten, ohne daß wir dingfest machen könnten, ab wann genau oder wodurch im einzelnen diese Störung irreparabel geworden ist. Wir finden, daß wesentliche Teile der *Person* eines oder beider Beteiligten oder wesentliche Teile ihrer *Beziehung* nicht mehr in offener und bewußter Kommunikation zur Sprache gebracht werden. Und gerade weil sie ausgeklammert werden, entfalten sie eine das Netz immer weiter zerstörende Eigendynamik. Die Partner leben sich auseinander, ohne es zunächst zu bemerken. Ein gegenseitiges Schweigen beginnt, und irgendwann reden sie nur noch »geschäftlich« miteinander.

Diese Eskalation wird selten von beiden gleichzeitig bemerkt. Einer der beiden hat eine grundsätzliche Beziehungsstörung oder gar Beziehungsleere vor Augen. Aber er macht sie sich nicht bewußt, sondern weicht auch wieder zurück vor dieser Erkenntnis und schüttelt sie mit lärmenden Aktivitäten (ein Haus bauen) oder auch Heimlichkeiten ab.

Die Eskalation könnte, von außen betrachtet, an jeder Stelle gestoppt oder zumindest könnte ihr die unkontrollierte Eigendynamik genommen werden, wenn es gelänge, das aus der Kommunikation Ausgeklammerte ins Bewußtsein und in die offene Auseinandersetzung zu nehmen. Es gibt keine kausale Zwangsläufigkeit zur Trennung hin. Kein Schweigen muß unabänderlich sein.

Und worüber wird geschwiegen? Am Anfang sind es unausgesprochene Erwartungen, Enttäuschungen, Irrtümer, Mißverständnisse und unerlöste Beziehungsprobleme aus alter Zeit, die, eben weil sie ausgeklammert werden, in die aktuelle Beziehung hinein ungebremst ihre destruktive, einengende Wirkung entfalten können.

Schweigen bringt Schweigen hervor und Ausklammern führt zur Beziehungsverarmung. Eine nicht angesprochene Enttäuschung, an der aber innerlich festgehalten wird, ruft Rückzug hervor. Der andere spürt ihn, muß ihn aber falsch interpretieren, da er ja den Zusammenhang nicht kennt, und reagiert erneut enttäuschend – und so weiter. So kommt es über ein Geflecht von Enttäuschung, Fehlinterpretation und unangemessener Reaktion zu einer Entfremdung in der Beziehung, einer Entleerung, die jahrelang unter dem Teppich gehalten wird, um sie ja nicht erkennen zu müssen

Natürlich – hinterher ist man immer klüger – gibt es so etwas wie Gründe dafür, daß solch eine Entwicklung sich selbst aufrechterhält. Aber sie stehen nicht einfach an einem Anfang, von dem aus sich dann alles weitere wie in einer Kausalkette ergeben würde. Vielmehr ergeben sich, oft zunächst aus nichtigem Anlaß, die Gründe für die jeweils nächste Entfremdungsstufe im Verlauf der eben nur unterschwelligen Handhabung von Enttäuschungen und Verletzungen.

Wenn wir einen gemeinsamen Nenner solcher Gründe suchen, so liegt er darin, daß die Beziehung oder Ehe über das Wohl der beteiligten Individuen gestellt wird. Man tut so – auch vor sich selbst –, als sei die Beziehung wichtiger als das Wohl des einzelnen, man handelt aber gar nicht so. Man fühlt und handelt vielmehr aus dem Rückzug auf die eigene Bestimmtheit, also eben nicht von der Beziehung her. Das Denken über die Beziehung stimmt nicht zusammen mit dem Fühlen und Handeln aus dem Beziehungsalltag heraus.

Um zum Beispiel den Ehemythos aufrechtzuerhalten, an den man sonst »im Prinzip« glaubt, fängt man mit Heimlichkeiten an, deren Offenlegung vermutlich nicht zum Wesen der Beziehung passen würde. Aber eben mit diesem Handeln setzt man sich in einen Gegensatz zum Ehemythos. Man schädigt also, in diesem Beispiel, die Ehe, um die Ehe nicht zu schädigen.

Der infantile, weil aus der Kindheit stammende, Mythos vom »einzig richtigen« Partner ist zum Beispiel ein sicherer Weg, die Beziehung zu ruinieren. Denn der Partner wird sich niemals durchgängig entsprechend der Vorstellung verhalten, die der andere von ihm als seinem einzig »richtigen« Partner hat. Der Mythos, es gäbe auf der Welt *einen* Menschen, und den müßte man finden und dann wäre man glücklich, ist selbst beziehungsfeindlich. Denn er macht zum Ausgangspunkt für die Partnerschaft das persönliche Bedürfnis, die persönlichen Wünsche, die persönliche Vorstellung dessen, der an diesen Mythos glaubt. Der einzig »richtige« Partner ist ja immer der *für mich* richtige. Bezugsrahmen der Partnerschaft ist insofern weder der Partner noch die Idee der Beziehung, wie es leicht behauptet wird, sondern Bezugsrahmen ist *meine* Vorstellung vom Partner.

Meine Vorstellung von dem für *mich* richtigen Partner ist Teil *meiner* Identität. Es kann nicht anders kommen, als daß der Partner sich nicht immer in diesem Sinne »richtig« verhält. So kann sich bald, wie auch bei anderen grundsätzlichen Enttäuschungen in der Ehe, ein Diskrepanzgefühl breitmachen zwischen Identität und Beziehung. Dieses Diskrepanzgefühl wird um so größer und bedrohlicher werden, je mehr man die eigene Identität über die Beziehung definiert hat, je mehr man den Wert der Beziehung an die Erfüllung eigener Wunschvorstellungen knüpft. Dies kann bis zum Verlust des Urbildes führen, das man einst, als man sich kennengelernt und verliebt hat, vom Partner empfing.

In den Niederungen des Alltags verliert man dieses Urbild und bald kommt der Punkt, an dem man es wiederzufinden nicht mehr für möglich hält und wo man nicht mehr absehen kann, wie eigene Identität und die eigene Beziehung wieder zur Deckung gebracht werden könnten. Da solche Einsichten aber vermieden werden sollen – denn auch eine Trennung oder ein »Aufgeben« oder »Scheitern« kann man mit der eigenen Identität zunächst nicht verbinden –, entsteht bald das Bedürfnis, sich außerhalb der Beziehung und heimlich, also außerhalb des Zugriffs des Partners, ein unabhängiges Identitätsterritorium zu schaffen.

Dort findet man, was in der Ehe nicht möglich scheint. Dafür, daß es nicht möglich ist, läßt sich gut der Partner verantwortlich machen, der eben meinen Vorstellungen nicht entspricht und mich damit enttäuscht hat. Der Eigenanteil, der darin besteht, über Verletzungen und Enttäuschungen nicht kommuniziert zu haben, wird ausgeblendet.

Auch andere Mythen wie der überkommene Mythos von der Ehe, der dem Alltag ja nahezu nie entspricht, sind dazu angetan zu spalten, sobald man davon ausgeht, der Mythos müßte dem Alltag entsprechen. Solche Mythen verstellen den Blick auf das Reale und das real Mögliche und ziehen die Aufmerksamkeit immer wieder auf das, was »eigentlich« sein sollte. Der jeweils andere ist schuld daran, daß der Mythos nicht Wirklichkeit ist. Auch Geschlechtsrollen-Mythen, wie ein Mann zu sein habe, wie eine Frau zu sein habe, können sich ähnlich destruktiv auswirken.

Unterschwellige Machtkämpfe – um die Kinder, um die sozialen Außenbeziehungen und so weiter – beschädigen beider Ich. Denn einen Sieger gibt es nicht. Weil ja schon die Tatsache des Machtkampfes geleugnet wird, muß sich der jeweilige Sieger sowohl von der Tatsache seines Sieges wie auch von der Tatsache der Niederlage des anderen distanzieren. Es war nichts. Vielmehr hat man gesprochen und gehandelt nur im Namen der Ehe, der gleichberechtigten Partnerschaft, der kirchlichen Moral. Einseitig festgesetzte Kriterien – wenn du öfter als einmal pro Woche abends weggehst, bedeutet das, daß dir die Ehe nicht wichtig ist –

werden zwar als Forderung oder Vorwurf ausgesprochen, aber bewußtseinsmäßig nicht beleuchtet, sondern für absolut genommen – das heißt, das Individuum und seine Belange haben hinter solchen Normen zurückzustehen.

Es kommt zur bedingten Liebe – wenn du dich mehr für die Kinder engagieren würdest, könnte ich dich vorbehaltlos lieben; wenn du weniger Aufwand um die Kinder treiben würdest, könnte ich mich dir mehr zuwenden. Solche Bedingungen werden aber nicht so ausgesprochen, wie sie gemeint sind, nämlich als persönliche Erwartung, sondern als seien sie Ableitungen aus Regeln, Normen und Werten. Ein guter Vater würde sich mehr Zeit nehmen für die Kinder. Eine an der Ehe interessierte Ehefrau würde sich weniger von den Kindern in Beschlag nehmen lassen.

Das Auseinanderfallen von Identität und Beziehung kann schließlich bis zur Ich-Schädigung gehen. Um die Beziehung zu halten, verbiegt sich ein Partner bis zur Selbstverleugung, oder es wird von ihm verlangt, wiederum im Namen der Beziehung. Auch das kann im Rahmen von Machtkämpfen noch eingesetzt werden: Sieh her, ich opfere meine Freizeit (meine Gesundheit, meine Bedürfnisse) für unser Zusammenleben – und was opferst du?

Das »Was« der Gründe ist also kaum zu unterscheiden vom »Wie« der unterschwelligen Trennungsdynamik.

Man läßt sich selbst lange leiden vor der Trennung – als ob damit die Verantwortung für den Trennungsschritt im voraus zu bezahlen wäre. Der andere bemerkt lange nichts. Dann hat er ein Gefühl, daß irgend etwas in seiner Beziehung »komisch« ist. Und oft erst nach Jahren ist der Schock nicht mehr zu umgehen, spätestens wenn der Partner für sich den Trennungsbeschluß bereits gefaßt hat und diesen Beschluß mitteilt. – Man fragt sich als Außenstehender, wie das innerliche Abtauchen eines Partners aus der Beziehung vom anderen so lange unbemerkt bleiben konnte. Wie konnte es zu so einer schweren Kommunikationsstörung kommen, die ja das Gegenteil der erhöhten Wahrnehmung ist, welche wir am Anfang einer Beziehung voneinander haben? Es kann sich nur um einen Selbstbetrug handeln, der nicht mehr unterscheiden läßt zwischen realer Wahrnehmung und gedachter oder gewollter Wahrnehmung.

Etwas biestig, im Kern aber treffend, formuliert Leonard W. Morrison in *Feldmann und der Erzähler* diese Eskalation aus Betrug und Selbstbetrug als skurriles Theater. »Wenn zwei Ehepartner sich ihre heroischen Selbstinszenierungen gegenseitig nicht mehr abnehmen, weil sie auch die hilflosen und ängstlichen Versionen kennen, suchen sie außerhalb nach Publikum und naiven Laienschauspielern zum Mitspielen. Diesen können sie dann noch einmal die alte Geschichte erzählen, wer sie ›wirklich‹ sind, und diese dürfen dann bei der Wiederaufnahme dieser alten Inszenierung ein bißchen mitspielen. Das geht aber nur eine Saison lang gut. Dann merken die Mitspieler, daß sie nur Statistenrollen haben, und wollen nun ihrerseits erzählen, wer sie ›wirklich‹ sind. Das interessiert aber keinen Menschen und man geht mit gegenseitigem Verriß der Inszenierung des anderen auseinander.

Sodann folgt die Phase, da der Mann (die Frau) reumütig zu seiner Ehefrau (ihrem Ehemann) zurückkehrt – möglichst spät nachts gegen 2 Uhr, wenn sie (er) noch wach liegt und sich immer wieder klarmacht, wie gut sie (er) es tolerieren kann, daß ihr Mann (seine Frau) soeben sich dem verruchtesten Sex hingibt –, sodann die Klamotten in die Ecke wirft, durch Formlosigkeit wiedergewonnene Nähe anzeigen wollend, vor ihrem (seinem) Bett niederkniet, seinen (ihren) Kopf an ihre (seine) Brust legt, während sie (er) davon absieht, daß sein (ihr) Haar nach jener (jenem) anderen riecht, als sei es mit deren (dessen) Ausschwitzungen pomadisiert worden, und er (sie) mit einer Träne im linken Augenwinkel flüstert: ›Meine Freundin versteht mich nicht.‹ (›Mein Liebhaber ist zu jung, um mich zu verstehen.‹) – Versöhnung. Danach riechen beide nach allen vieren.

Am nächsten Morgen beginnt die Sequenz ›Niemand kennt mich so gut wie du.‹ Soll heißen: ›Nimm mir wieder meine heroischen Selbstbilder ab, dann nehme ich dir auch deine wieder ab.‹«

Ein solches Spiel aus Selbstbetrug, Selbstinszenierung, Vorwurf und Verleugnungskumpanei kann lange dauern. Zwischen den einzelnen dramatischen Höhepunkten wird der Partner nur noch in seinen negativen Eigenschaften gesehen, und die Beziehung und ihr Beginn werden zu guter Letzt abgewertet. »Es war ein Irrtum.«

Von hier aus hat man es leicht, die marode Beziehung zu vergleichen mit dem, was mit einem anderen Partner möglich wäre oder schon möglich ist. Durch diesen erwachen bisher unentdeckte Fähigkeiten, verschüttete Bedürfnisse und vorher nicht geahnte Möglichkeiten. Im Vergleich dazu kann die aktuelle Beziehungswirklichkeit nicht standhalten.

Der wegdriftende Partner wird nun versuchen, den noch in der Verleugnung der Situation Befangenen direkt oder indirekt dazu zu bewegen, seinerseits die Beziehung für aussichtslos zu erklären. Würde dies gelingen, wäre der, der schon auf dem Absprung ist, entlastet.

Gelingt das nicht – es gelingt selten –, besteht die nächste Maßnahme darin, den Partner öffentlich herunterzumachen, im Freundeskreis im Beisein des anderen kompromittierende, intime Details preiszugeben. Das ist dann eine offene Aufkündigung des Solidaritätsminimums – und zwar genauso öffentlich, wie es die Verlobung war. Jetzt muß der andere handeln.

Das oben erwähnte Diskrepanzgefühl zwischen Identität und Beziehung hat sich in dieser Endphase zu einem Gefühl des Widerspruchs zwischen Identität und Beziehung ausgewachsen. Immer umfassender hat man sich mit Aktivitäten beschäftigt, erst heimlich, dann offener, die in Übereinstimmung mit der eigenen Identität stehen, dem Alltags-Ich und wie es sich von früher kennt. Einige knüpfen an die Identität von vor der Beziehung an, greifen alte Gewohnheiten wieder auf, intensivieren den Kontakt zur Herkunftsfamilie, suchen alte Freunde wieder auf. Parallel werden neue, jedenfalls neu geglaubte Seiten der eigenen Person ausgelebt, die vielleicht durch eine neue Beziehung aktiviert wurden. Und plötzlich kommt der Moment, da man nicht mehr der Ehemann, die Ehefrau *ist*. Und jetzt will man definitiv gehen.

Diese Schlußphase ist meist beiderseits von Wut durchsetzt: Meine Frau erlaubte mir nie zu sein, wie ich wirklich bin. Mein Mann hat mir einen anderen vorgespielt, als er wirklich ist. Damit ist die Spaltung besiegelt und die Trennung wird als logisches Ergebnis der Beziehung, wie sie eben gewesen ist, gesehen.

Die Entwicklung zur Trennung hin muß nicht so dramatisch und so häßlich verlaufen. Es gibt, wenn auch offenbar seltener, das stille und traurige Absterben einer Beziehung. Zuerst bleibt der Gute-Nacht-Kuß aus, dann erzählt man sich vieles nicht mehr, weil man ja die Antworten des Partners schon kennt, dann sitzt man jahrelang Seit' an Seit' vor dem Fernseher und versichert sich hinterher, daß man jetzt zu müde sei, um noch miteinander zu sprechen. – Diese leise, schleichende Trennung scheint eher in Beziehungen vorzukommen, bei denen es nicht um Nebenbeziehungen geht. Aber auch hier liegt das Problem in der fehlenden Kommunikation, zu der man sich nicht traut, weil sie die Diskrepanz des gemeinsamen Alltags zu den Idealen und Normen erhellen würde.

Tragfähige Ehen und Partnerschaften machen gerade diesen Fehler nicht. Sie stellen nicht die Beziehung, das Ideal, die Norm über die Individualität. Sondern sie leben aus der Tatsache heraus, daß die Individualität Vorrang vor der Partnerschaft hat (und, falls Kinder vorhanden sind, die Partnerschaft vor der Familie). Vorrang der Individualität meint nicht »Erst ich, dann die Beziehung«, sondern »Erst du und dann die Beziehung.« – und dies gegenseitig. Die Gegenseitigkeit dieser Einstellung *ist* die Beziehung. Sie ist das, was sie tragfähig macht und alle Krisen und Konflikte bestehen läßt. Beziehung ist nicht primär durch Harmonie dokumentiert, sondern durch das gegenseitige herzliche Interesse am anderen – gerade da, wo man nicht harmoniert oder einmal nicht zueinander »paßt«.

Dieses Motiv – Ehe und Partnerschaft als Entwicklungsgemeinschaft zu sehen statt als Wunscherfüllungsgemeinschaft – ist zu Beginn auch der tragfähigen Beziehungen oder bei Eheschließungen oft gar nicht bewußt vorhanden. Das macht nichts. Es stellt sich später ein, wird in Krisen erarbeitet, und das ist es, was trägt. Auf die Dauer kann mein Motiv, mit meinem Partner zusammenzubleiben, nur dieser Partner und seine Entwicklung sein, sonst nichts. Das Ideal, wenn es denn Berührung mit der Wirklichkeit haben soll, kann nur individuell gefunden, erarbeitet und gewollt werden – je von beiden. Ein Ideal kann man nicht durchsetzen wollen. Es kann heute keine Instanz mehr geben, die Ideale durchzusetzen berechtigt wäre (Kirche, Staat und anderes). Ideale haben nur Wirkkraft, wenn sie in Freiheit gewollt werden. Wegen der Kirche, wegen der Traditionen, wegen irgendwelcher Normen zusammenzubleiben, stellt eine Delegierung von Ich-Funkionen dar, von Eigenverantwortung. Was aber ist ein Ideal wert, das nicht von eigenverantwortlichen Individuen getragen wird?

Trennungshygiene

Der Prozeß, der zur Trennung zweier Menschen führt, die Trennung selbst ebenso wie die Zeit danach sind gekennzeichnet von Ambivalenz, einer Gleichzeitigkeit oder doch einem raschen und häufigen Wechsel von Hoffnung und Wut, von Befreiungsgefühl und Schmerz. Lehmbrucks *Knieende* bringt zum Ausdruck, was der Kern dieser Situation ist: Abschied und Aufbruch durchsetzen sich gegenseitig. In einem Moment kann man die Realität der Trennung vor sich selbst geradezu verleugnen – »Es ist nur eine Laune von ihr, sie wird bald zurückkommen« – und einen Augenblick später die eigene Zukunft als Single planen: »Endlich kann ich mir eine Wohnung in der Großstadt nehmen, wo sie ja nie leben wollte«. Noch Jahre nach einer Trennung erscheint, jetzt im Rückblick, die Ambivalenz: »Es war letzten Endes doch eine wertvolle Zeit« und: »Von Anfang an war der Wurm drin in unserer Ehe«.

Unser Kulturkreis hat viele Rituale entwickelt, die die Aufnahme einer Beziehung nicht nur begleiten, sondern auch regulieren. Angefangen von den Verhaltenskonventionen beim ersten Kennenlernen über die Regeln der Annäherung, die das allmähliche Öffnen der Intimitätsgrenzen steuern. Über solche Rituale wie Verlobung und Hochzeit, den Brauch der Flitterwochen, das Feiern der Hochzeitsjubiläen lenken Konventionen und Gebräuche, auch juristische Regularien, das Zusammengehen zweier Menschen.

Auf ein vergleichbares organisiertes kulturelles Wissen kann man in der Trennung nicht zurückgreifen. Es gibt hierfür keine den Vorgang ordnende und damit stützende Konventionen. Wir haben keine Rituale der Trennung. Trennung darf es nicht geben, und wo doch, ist sie ein privater Betriebsunfall, dessen Regulierung den Beteiligten überlassen bleibt. Lediglich wenn Kinder im Spiel sind, greift der Staat regulierend ein – dies aber auch nur, wenn die Beteiligten sich nicht selbst einigen können.

Da solche Trennungsregularien fehlen, sind die Betroffenen um so mehr auf sich gestellt, so daß ihr Denken, Fühlen und Handeln oft von dem Gefühl unterlegt ist, eine ächtenswerte Tabuverletzung zu begehen. Und um so dramatischer stellt sich ihnen die Trennung als Schritt ins Unbekannte dar. Wenn wir diesen Sachverhalt positiv sehen wollen, können wir sagen, daß schon gesellschaftlich Trennung ein Aufruf ist, ausschließlich aus der eigenen Individualität heraus zu handeln. Auch solche Gefühle sind anwesend in dem Moment, da der Trennungsbeschluß zwischen den Beteiligten ausgesprochen wird. Vielleicht wird es am Ende eines heftigen Streites gesagt oder in aller Ruhe bei einen Abendspaziergang; es mag brieflich ausgesprochen werden oder nur durch ein leichtes Kopfnicken auf die entsprechende Frage hin. Zorn, Verhandeln, Auflehnen – das ruht alles für einen Moment.

Kurz darauf übermächtigt wieder die Ambivalenz die Beteiligten. Und dies ist das Erste, das jetzt gelernt werden muß: daß die Monate nach dem Aussprechen des Trennungsbeschlusses noch lange keine Eindeutigkeit der Orientierung bringen werden, sondern im Gegenteil ein ständiges, häufig abruptes Schwanken des Gefühls und der inneren Bilder. Die Situation nach der Trennung kann kein Entweder-Oder sein. Man ist nicht entweder verzweifelt oder einsichtig in die Folgerichtigkeit des Trennungsschrittes, sondern beides. Man ist nicht entweder zuversichtlich im Hinblick auf die Zukunft oder ängstlich, sondern beides. Man ist nicht entweder befreit oder fühlt sich wie amputiert, sondern beides. Wut, Schuldgefühle, andererseits versöhnliche Stimmung, Schuldzuweisung an den Partner, Einsamkeit, neue soziale Perspektiven – man befindet sich in einem ständigen Wechselbad.

Und es kann nicht anders sein. Nehmen wir nur die Gefühle der Schuld. Beide Partner werden zeitweise Schuldgefühle haben, auch derjenige, der die Trennung nicht aktiv wollte. Aber beide werden auch Phasen haben, in denen sie die Schuld für alles dem anderen zuweisen. Alle diese Gefühle und Widersprüchlichkeiten der inneren Situation sind normal, und sie können durchaus hilfreich sein für die Verarbeitung der Trennung.

Dies allerdings nur dann, wenn die Ambivalenz des Fühlens und Denkens wirklich im Fluß bleibt. Sobald an irgendeiner Stelle – sei es eine Phase des Schuldgefühls, eine der Schuldzuweisung, sei es ein Moment der rückblickenden Wehmut oder ein Moment zorniger Bilanz – innegehalten wird, sobald eine solche Phase innerlich festgehalten wird, ist ein konstruktiver, das heißt zur Souveränität führender Trennungsvorgang erheblich erschwert.

Betrachten wir als Beispiel den wehmütigen, vielleicht etwas idealisierenden Rückblick. Auch er gehört als ein Element in diese Zeit der inneren Verarbeitung der Trennung und der Vorbereitung auf die neue Zukunft. »Trennungshygienisch« würde man einen solchen positiven Rückblick als Zwischenschritt sogar empfehlen. Der Betroffene würde sich aber vor allem verschließen, was ihm die neue Zukunft bringen könnte, wenn er von nun an verharren würde in dem Bild, eine wunderschöne, immer durchwärmte, gegenseitig immer tragende Ehe gehabt zu haben – bis dann eines Tages dieses blonde Biest in unsere Idylle einbrach und alles zerstörte. Es ist in diesem Zusammenhang unerheblich, ob das Bild selbst zutrifft oder nicht oder nur zu einem Teil. Ungesund ist das Festhalten daran. Denn die Wirklichkeit – die damalige, heutige und die zukünftige – ist nie länger als einen Moment eindeutig. Es bedeutet eine ungeheure Einschränkung des Bildes vom Partner, von der Ehe und von sich selbst, wenn man nur einen Aspekt davon im Auge behält. Erst die Vielschichtigkeit und Uneindeutigkeit bringen Entwicklungsdynamik. Diese zu verleugnen, bedeutet deshalb Stagnation. Und damit wäre die Chance, die in jeder Trennung liegt, vertan.

Nicht anders verhält es sich mit Schuldzuweisungen – sei es an sich selbst oder an den Partner. Sobald solche Schuldzuweisungen chronifizieren, entsteht Unfreiheit im eigenen Handeln, gerade in bezug auf die Zukunftsgestaltung. Selbst derjenige, der scheinbar die Ehe »zerstört« hat durch ein neues Verhältnis, darf nicht im Anblick dieser »Schuld« verharren. Natürlich ist es notwendig für einen konstruktiven Trennungsvollzug, daß er sich seiner Verantwortung stellen kann. Sobald er aber darin verbleibt, ist ihm ein Kraft gebender Rückgriff auf andere, nicht schuldbeladene Teile seiner Person kaum mehr möglich. Das Verharren in der Selbstzerfleischung kann keine Kräfte freisetzen.

Auch im umgekehrten Fall – »Mein Partner ist an allem schuld« – darf es nicht dazu kommen, daß an dieser Einstellung festgehalten wird. Auch in dieser Position macht man sich abhängig, sobald man sie festschreibt. Damit man sich wirklich voneinander lösen kann, müßte nämlich der »schuldige« Partner die Schuldzuweisung annehmen. Nimmt er sie nicht an – was so pauschal kaum der Fall sein wird –, verbleibt der andere in der Position des anklagenden Opfers. Er würde darüber jedes Gefühl für eigene Autonomie verlieren. Denn es ist das Wesen des Opfers, daß ihm die Autonomie genommen wird.

Um sich nicht in solchen und ähnlichen Festschreibungen zu verheddern, kann es sinnvoll sein, einen Gesprächspartner zum Trennungsbegleiter zu haben, der das Auf und Ab der Stimmungen, den Wechsel der Bilder anerkennt und befördert. Man muß eine Trennung nicht allein bewältigen wollen. Im Freundeskreis oder unter den professionellen Beratern läßt sich jemand finden, der darauf schaut, daß der innere Prozeß des Betroffenen in Fluß bleibt, der den Wunsch nach einem Versöhnungsversuch ebenso als verständlich und berechtigt anerkennt wie das harte »So ist es jetzt eben«.

Wenig hilfreich für einen von Trennung Betroffenen ist auch die Rede vom »Scheitern«. »Meine Ehe ist gescheitert«, »Ich bin mit meinem Vertrauen, das ich in meinen Mann gesetzt hatte, gescheitert«, »Mein jahrelanger Versuch, die Familie zusammenzuhalten, ist gescheitert« – das sind Stimmungen, die auch mal sein dürfen, die aber zu nichts Konstruktivem führen, da sie die Bemühungen um die Ehe pauschal entwerten.

Das Bild vom Scheitern ist elementar unangemessen, denn es setzt etwas voraus, das es gar nicht gibt: ein eindeutiges und meßbares Gelingen der Ehe. Man kann sich vornehmen, einen Wettkampf zu gewinnen. Gewinnt man nicht, ist man in bezug auf das selbst gesetzte Ziel »gescheitert«. Ähnlich meßbare Kriterien gibt es aber in einer Partnerschaft nicht. Sie ist ein Prozeß, der auf verschiedenen Ebenen gleichzeitig, wenn auch unterschiedlich schnell verläuft und der selten Eindeutigkeit hat. Die Partnerschaft ist der Prozeß. Entwicklungen können stagnieren oder abgebrochen werden, aber sie können nicht »scheitern«. Und wenn eine Ehe erst durch den Tod eines Partners beendet wird, ist sie dann »gelungen«? Der Prozeß wird dann eben aus einem anderen Grund abgebrochen. Lebensprozesse können zu Ende gehen, aber sie können nicht »scheitern«. Ob man im Alter stirbt oder als tätiger junger Erwachsener – beides ist ja auch kein »Scheitern«, sondern je ein anderes Ende eines Lebensprozesses.

Woran man dagegen scheitern kann, ist die Sinnfrage. Eine durch Beschluß abgebrochene Ehe hat natürlich für die Beteiligten eine andere Bedeutung als eine durch Tod beendete. Aber sie hat dennoch ihre Bedeutung. Nur muß diese oft langwierig und geduldig gesucht werden, und vor allem in der akuten Trennungsphase ist die Sinnebene kaum zugänglich. Außerdem verlangt die Sinnfindung eine große persönliche Offenheit gegenüber den Fragen der eigenen Biographie. Was also scheitern kann, ist nicht die Ehe, sondern die Integration der Ehe beziehungsweise ihres Verlaufs in die eigene Biographie.

Ein weiteres Problem, das sich in der Trennungsphase einstellen kann, ist ein Festhalten nach einer anderen Richtung: Man will alles schon hinter sich haben, die Ambivalenzen nicht mehr durchmachen, nicht immer wieder wehmütig oder zornig zurückblicken müssen. Damit entsteht die Gefahr, daß man sich gewaltsam, den notwendigen inneren Prozeß überrollend, in die Position dessen begibt, der »früher mal« verheiratet war und ab jetzt ein neues und von der Vergangenheit unabhängiges Leben führt. Das wäre ein Festhalten an der Zukunft, bevor diese sich hat entwickeln können. Eine solche gewaltsame Verkürzung der Trennunsphase schneidet das Eigentliche, Entwicklung Ermöglichende eher ab, als daß es in die Zukunft führt. Zwei Jahre dauert es im Durchschnitt, bis sich die Ambivalenzen beruhigt und eingependelt haben und ein neues Autonomiegefühl überwiegt.

Daß man sich Zeit läßt nach der Trennung, ist ebenso wichtig, wie daß man immer wieder in die Zukunft blickt. Natürlich – und das wird jeder Trennungsberater empfehlen – ist der neugierige, möglichst unbefangene Blick in die mögliche und wahrscheinliche Zukunft Kraft gebend, gerade wenn man sich ein Einleben nach der Trennung im ersten Moment gar nicht vorstellen kann. Es ist geradezu eine sinnvolle Übung, immer wieder auf verschiedene mögliche Zukunftsszenarien zu blicken. Wie könnte mein Leben in zwei Jahren aussehen? Ich versuche mich mir vorzustellen: als Single. Wo könnte ich innerlich stehen in einigen Jahren? Was könnten meine Ziele sein – innerlich, beruflich, sozial? Wo wird jetzt im Loslassen Neues für mich frei? Worin werde ich autonom sein können und wollen? Mit welchen Problemen des Alleinlebens muß ich rechnen?

Es ist also phasenweise und zunehmend richtig, Zukunft einzuführen, ohne andererseits Zukunft gleich wieder »haben« zu wollen. Es ist nicht leicht, sich solche Szenarien, vielleicht angeregt durch einen Gesprächspartner, immer wieder zu bilden und dennoch auch diese wieder loszulassen und offenzulassen, was tatsächlich entstehen kann, und auch wieder zu einer Phase des Rückblicks zurückzukehren. Auch in dieser Hinsicht hängt alles davon ab, daß es Phasen sind, die in Fluß bleiben und die auch wieder mit anderen abwechseln können.

Meist kurz nach Offenlegung des Trennungsbeschlusses gibt es eine Phase, die ebenfalls ihre Berechtigung hat und sogar konstruktiv sein kann, wenn sie nicht zur Dauerhaltung gerinnt. Die Doppelgänger der beiden sich Trennenden setzen sich frei und prügeln aufeinander ein. Der Partner ist dann nur böse, hinterhältig und egoistisch. Ich bin nur das Opfer, muß Rechenschaft verlangen, Vorwürfe erheben, Verwünschungen für die Zukunft ausstoßen und meiner tiefen Verachtung geräuschvollen Ausdruck geben.

Alle Verletzungen und Enttäuschungen, die man in den letzten Jahren in dieser Ehe gesammelt hat, brechen jetzt mit einer erschreckenden Wucht durch. Hinterher schämt man sich meist. In daran anschließenden, überraschend konstruktiven Gesprächen kann man sich dann auf den sachlichen Gehalt der Anwürfe beschränken. Diese schattenhaften Kämpfe können allerdings auch sklerotisieren und zur erstarrten Dauergeste werden. Dann ist keine Chance mehr da, den eigenen Anteil am Eheverlauf zu erkennen.

Solche oft gegenseitige Doppelgängerphänomene speisen sich selten nur aus der aktuellen Kränkung. Vielmehr ernähren sie sich hauptsächlich aus alten unerlösten Zurücksetzungen und Ängsten, die man in früheren Beziehungen erlebt hat oder die sogar aus unverarbeiteten Beziehungserfahrungen mit den eigenen Eltern und der Herkunftsfamilie stammen. Wenn sich die aktuelle Trennungsverarbeitung einengt auf eine haßerfüllte und über Jahre aufrechterhaltene Vorwurfshaltung, so finden wir in der Geschichte dieser Menschen frühe Traumatisierungen durch unzuverlässige Bezugspersonen, durch Kindesvernachlässigung oder plötzlichen Beziehungsabbruch zum Kind.

So kann alles, was aus alten Beziehungen unerlöst im seelischen Untergrund mitgetragen wurde, wieder virulent werden, wenn es um die Auflösung der aktuellen Beziehung geht. Es kann deshalb sinnvoll sein (eventuell auch mit einem kompetenten Gesprächspartner), gerade in der Trennungsphase auf das Unabgeschlossene früherer Beziehungen bewußt und gezielt zu blikken. Das hilft zu differenzieren zwischen der aktuellen Belastung und Verletzungen, mit denen der jetzige Partner nichts zu tun hat, und macht damit das Aktuelle handhabbarer.

In diesem Zusammenhang muß auch auf den gegnerschaftlichen Charakter heute üblicher Trennungen hingewiesen werden. Eine »gegenerschaftliche Trennung« wird *gegen* den Partner, *gegen* dessen Belange und Wünsche, *gegen* dessen scheinbar ja sattsam bekannten Eigenarten vollzogen. Das Bild vom Partner hat ein Negativ-Vorzeichen bekommen, eben weil er sich trennen wollte von mir, oder weil ich mich von ihm trennen wollte und es mir leichterzufallen scheint, mich von einem »negativen« Menschen zu trennen. Folgerichtig vollziehe ich die Trennung kämpfend, *kämpfend* für mich, meine Rechte, meine Würde und meine Selbstachtung, die wiederzufinden ich mir nur aus einem Gegeneinander heraus vorstellen kann.

Solche gegnerschaftlichen Trennungen können durchaus in einem »Sieg« münden, jedoch auf keinen Fall in einer Position der Souveränität – für beide nicht. An dieser Art von Sieg stärkt sich nicht das Ich, sondern der oben erwähnte Schatten. Solche Siege fordern nichts vom Sieger. Sie rufen ihn zu nichts auf außer zu weiteren Siegen, denn sie hinterlassen nur ein kurzfristiges Sattheitsgefühl. Bei Trennungen dieser Art hatte oft schon die Partnerschaft, besonders in den letzten Jahren vor der manifesten Trennung, etwas Gegnerschaftliches.

Demgegenüber gibt es auch die faire und solidarische Trennung: ein gegenseitiges Begleiten im Auseinandergehen, eine Fürsorge, die die Würde des Partners, der gehabten Partnerschaft und die eigene Würde gleichermaßen im Auge hat und weniger auf die eigene Verletztheit oder das »Scheitern« blickt. Die gegnerschaftliche Trennung entwertet dagegen die Möglichkeit, den anderen wertzuschätzen und dadurch zu einer konstruktiven Trennung zu kommen. In den letzten Jahren haben »Mediationsberater« für die »freundschaftliche Trennung« Anleitungen und Formen der Begleitung entwickelt, die zumindest ermöglichen, daß der Trennungsvorgang jenseits von Sieg und Niederlage und damit in Würde verläuft.

Ein Element gegnerschaftlicher Trennung ist häufig das Funktionalisieren der Kinder. Die Kinder werden einbezogen in das Schachern um die »Schuld« an der Trennung, sie werden angelogen über den wahren Zustand der Ehe, sie werden zu Verbündeten oder zu Schiedsrichtern gemacht. Sie werden als Spione eingesetzt und mit Liebesverlust bedroht, falls sie sich auf die Seite des Partners stellen.

Der Mediationsberater, aber auch eine andere von beiden Erwachsenen respektierte Person, kann in der Trennungszeit die Rolle eines »Kinderanwalts« annehmen und darauf achten, daß die Kinder herausgehalten werden aus den Unerlöstheiten der sich trennenden Erwachsenen. Der Kinderanwalt soll die Kinder vor den unreflektierten Selbstbefangenheiten der Erwachsenen und damit ihre – kindgemäße – Autonomie schützen. Es wäre schon ein erster Baustein zu einer freundlichen Trennung, wenn beide Partner sich auf eine solche Person einigen und sie entsprechend beauftragen könnten.

Lösend und entkrampfend wirkt es sich aus, wenn man sich darauf verständigt, zunächst keine *weiteren* endgültigen Entscheidungen treffen zu müssen. Es reicht ja, daß man gerade *eine* endgültige Entscheidung getroffen hat. Alles weitere braucht man fürs erste nur mittelfristig oder sogar nur übergangsweise zu planen. Das gemeinsame Haus muß nicht sofort verkauft werden, vielleicht kann man es auch erst vermieten und in zwei oder fünf Jahren über einen Verkauf entscheiden. Die Besuchsregelung für die Kinder muß nicht ein für alle Mal getroffen werden, sondern vorerst nur für die nächsten Monate. Je nach Alter und Entwicklungsstand der Kinder und je nachdem, wie sich ihr Verhältnis zu den beiden getrennten Elternteilen entwickelt, sollte man in Abständen von ein bis zwei Jahren die Zuträglichkeit der jeweils praktizierten Besuchsregelung überprüfen und sie gegebenenfalls neu festsetzen.

Nur langfristig und behutsam zu bearbeiten sind die grundsätzlichen Fragen der Erneuerung der eigenen Existenz nach einer Trennung. Wirklich loszulassen und Frieden zu machen mit der Vergangenheit setzt voraus, daß man den Stellenwert der beendeten Beziehung in der eigenen Biographie reflektiert und anerkennt. Eine Trennung ist keine isolierte Katastrophe, sondern kann zumeist in Zusammenhang gesehen werden mit den Lebensthemen und »roten Fäden« überhaupt, die sich durch die Biographien der Beteiligten ziehen. Damit ist nicht gemeint, es hätte nicht anders kommen können, sondern es geht um das allmähliche und mutige Aufsuchen der Sinnfrage: Wie kann ich die Tatsache, eine beendete Beziehung hinter mir zu haben, in das Sinnverständnis meiner eigenen Lebenswege integrieren? Solche Fragen sind nicht auf Ratgeber-Niveau zu beantworten, denn sie bedürfen des ruhigen Hinhörens. Es ist *Die Knieende,* die auf dieses Hören hinweist.

Sicher ist, daß diese Sinnebene nur zu erreichen ist, wenn auch eine Bilanz der positiven und gültig bleibenden Aspekte der gehabten Partnerschaft möglich ist. Es wäre fatal, in der Trennung aus Verletztheit und Wut die Partnerschaft als Ganzes nachträglich abzuwerten. Es hat auch die gemeinsamen Freundschaften gegeben, intime Wärmeerlebnisse und Gemeinsamkeit bildende Erfahrungen.

Hierzu gehört auch der Blick auf die Autonomie, sofern sie schon zur Zeit der Partnerschaft bestanden hat: Woraus hatte man Freude und Kraft geschöpft außerhalb der Partnerschaft? Worin war man unabhängig von der Partnerschaft? Solche Bilanzfragen rufen die gut etablierten Selbstanteile auf und führen damit eher in die zukünftige Souveränität als das Hadern mit einer angeblich vergeudeten Lebenszeit. Je nüchterner solche Bilanzen möglich sind, um so sicherer können die Schritte in die Zukunft sein.

Nach der Trennung – die Chance der erneuten Begegnung

Irritiert stellen zwei Menschen manchmal fest, daß sie nach der aufwühlenden akuten Trennungsphase plötzlich in ganz neuer Gelassenheit miteinander sprechen können. Was sie schon seit Jahren nicht mehr erlebt haben, ein gegenseitiges Interesse an der Person und der Entwicklung des anderen, kann jetzt in einem Umfang wahr werden, der sie zweifeln läßt an der Richtigkeit der Trennungsentscheidung. Wieso können sie sich jetzt auf einmal mit solcher Fairneß verständigen, wo sie sich doch getrennt haben, gerade *weil* sie sich nicht mehr verständigen konnten? Nun finden sie zu aufbauenden Kommunikationsformen, erst ernst und verhalten, später in geradezu freundschaftlichem Ton, die ihre Ehe womöglich gerettet hätten, wenn sie schon vorher dahin gefunden hätten. Gleich, ob man dieses Öffnungsphänomen nach der Trennung als Außenstehender beobachtet, oder ob man die Beteiligten selbst fragt – immer ist der Eindruck da, daß da zwei Menschen erwachsener, sogar unvoreingenommener, das heißt also ich-hafter aufeinander zugehen können als in all den Jahren vor der Trennung. Sie tauschen sich offener und ehrlicher aus als ein Ehepaar, das aus Ängsten oder latenten Motiven die Verbindung starr aufrechterhält.

Natürlich ist die Zeit nach der Trennung deswegen noch keine sonnige Zeit, und sie kann dennoch von tiefem Ernst, von Schmerz und Leid und Zukunftsängsten durchsetzt sein. Und nicht jedes Trennungspaar findet zu dieser Öffnung. Aber gerade deswegen entsteht die Frage: Wie kann es zu diesen irritierenden kleinen Wundern kommen?

Wo es nicht zu dieser neuen Öffnung und Wiederbegegnung kommt, können wir eine Art Trennungsverweigerung feststellen. Meist ist es derjenige Partner, dem die Trennung vom anderen abverlangt oder dem sie aufgenötigt wurde, der zwar äußerlich, notgedrungen oder aus Verletztheit »freiwillig«, die Trennung mitvollzogen hat, der aber innerlich nicht losläßt. Der insofern passive Trennungsteil bleibt in der Rolle des Opfers – ihm ist Leid, Zurücksetzung und Hinterhältigkeit widerfahren, und darüber definiert er sich jetzt. Ich bin der, dem etwas Schreckliches angetan wurde, mein Partner ist schuld am Niedergang unserer Ehe, und ich bin der, dem solches widerfahren ist. Mit diesem Festhalten an der Opferrolle erfährt der Betroffene in der ersten Zeit nach der Trennung viel Aufmerksamkeit, Zuwendung und Mitleid. Es finden sich immer Mitmenschen, die ihn in der Opferrolle bestätigen. Gemeinsam vergräbt man sich in einer Front gegen den Ehemann, der weggelaufen ist, oder gleich gegen »die Männer« beziehungsweise »die emanzipierten Frauen« und so weiter. Gerade diese soziale Bestätigung der Opferrolle verhindert es aber, daß der Betroffene für sich eine neue Identität findet, die unabhängig vom früheren Partner ist. Ein solches »Opfer« trennt sich innerlich gar nicht, sondern bleibt, wenn auch mit negativem Vorzeichen, in seinem Fühlen und Denken, in seinem Selbstbild auf diesen Partner bezogen, der die Trennung verlangt und aktiv in die Wege geleitet hat. Das Opfer definiert sich über den »ungerechten« Verlust, bleibt in der Vorwurfshaltung und findet eben deshalb für sich keinen Neuanfang. Das Opfer entläßt den Partner nicht wirklich.

Eine solche Haltung kann jahrelang oder auch ein Leben lang bestehen bleiben und einen Neuanfang zunehmend erschweren. Der Betreffende kann oder will – meist aus moralischen, weltanschaulichen oder religiösen Gründen – die Trennung nicht als Chance sehen. Er setzt die Beziehung, und zwar die problematischen oder kränkenden Aspekte der Beziehung, innerlich fort und vermeidet damit die Reflexion über den eigenen Anteil an der desolaten Entwicklung, die schließlich zum Ende der Ehe geführt hatte. Er verweigert eigentlich die Trennung.

Daraus ergibt sich, daß die eingangs skizzierte neue Öffnung nach der Trennung die Anerkennung der Tatsachen voraussetzt. Ehetatsachen, auch wenn es sich um heimliche Tatsachen handelt, sind immer gemeinsame Tatsachen, weil sie Teil der Kommunikation sind. Auch ein heimlicher Seitensprung ist eine Mitteilung an den Partner und nimmt in dem Kommunikationsverhalten der beiden Partner eine bestimmte Funktion ein. Auch Handlungen zu übersehen ist eine Mitteilung oder das beharrliche Festhalten an Idealbildern, das Stellen von Bedingungen und die Erfüllung gestellter Bedingungen zu verweigern, selbst wenn all dies nicht offen ausgesprochen wird. Ehetatsachen als Tatsachen nur des einen Partners zu betrachten, ist Eheverweigerung. Die »Fehler«, die mich an meinem Mann stören, nur als seine Tatsachen anzusehen, ist bereits ein partieller Ausstieg aus der Ehe. Es ist eine gemeinsame Tatsache, wenn ein bestimmtes Verhalten des einen Partners vom anderen als »Fehler« deklariert wird. Denn daran geknüpft ist die Bedingung: »Wenn du dich ändern würdest, wäre alles besser.«

Solches nachträglich zu erkennen und einzubeziehen in die Selbstreflexion, führt zu den Anfängen einer neuen Unabhängigkeit voneinander, die sich dann als Wiederbegegnung niederschlägt. Auch wenn es paradox erscheint: Den eigenen Beitrag zur desolaten Entwicklung der Ehe anzuschauen, ermöglicht es, den früheren Partner erstmals wieder als für sich bestehendes, eigenberechtigtes Individuum anzusprechen. Wenn der – anfangs sicherlich widerstrebende – Blick auf die eigene Mitverantwortung gelingt, können beide beginnen, sich wieder als voneinander unabhängige Individuen zu erleben. Erst jetzt braucht man das Rechten um das Vorgefallene nicht mehr, man braucht sich nichts mehr vorzumachen. Sobald man seine eigene Rolle in der zu

Ende gegangenen Beziehung erkennt und als Teil der eigenen Person anerkennt, beginnt Autonomie als ein weiterer Schritt zur Individuation. Jetzt kann die Offenheit entstehen zu erfahren, wer man ohne den früheren Partner und außerhalb der Opferrolle ist. Es ist durchaus eine Entdeckung, mitzuerleben, wie man Schritt für Schritt die Wahrnehmungs-, Denk- und Verhaltensmuster aufgibt, die man am Partner und mit dem Partner entwickelt hatte, und wie nun unabhängig davon neue Gewohnheiten entstehen. Bisher brachgelegene Seiten der eigenen Person können auftauchen. Es kann zu Phasen mutiger oder gelegentlich auch euphorischer Experimentierlust kommen, bis sich dann ein eigener, neuer und autonomer Lebensstil abzeichnet, in dem man sich vielleicht umfänglicher wiederfindet als in den zementierten Gewohnheiten des ehelichen Alltags davor.

Parallel dazu kann man, wenn man wirklich losgelassen hat, die entsprechende Veränderung des Partners beobachten. Auch er hat neu auf sich und die Ehe zurückgeblickt, seine »Fehler« erkannt und zu revidieren begonnen. Das kann zunächst durchaus zwiespältige oder bittere Gefühle auslösen – wieso ist er jetzt bereit, gerade da sich zu verändern, wo er für mich am problematischsten war? Solche Verunsicherungen weichen aber rasch einem neuen Interesse am anderen, sobald man den Bezug zu sich losgelassen hat. Ich habe nichts mehr damit zu tun, ob und wie der andere sich ändert. So etwas wie Achtung vor dem anderen kann aufkeimen, und es ist eine große Leistung, wenn dies bis zu der Unvoreingenommenheit gedeiht, den anderen neu entdecken zu können. Dann stellt sich das ein, was in der Ehe nicht mehr möglich war: Das Urbild des anderen, das, was er seinen innersten Möglichkeiten nach ist, wird wieder anschaubar.

Jetzt hat man wirklich Abschied genommen und gerade deswegen kann sich vorsichtig Solidarität einstellen. Der Weg dahin ist anstrengend und verlangt Durchhaltevermögen, läßt aber schon bald ahnen, daß dies die gesündeste Art ist, die zu Ende gegangene Beziehung in die eigene Biographie und das eigene Selbstbild zu integrieren, ohne sich davon abhängig zu machen. Er geht über viele, meist keineswegs harmonische Trennungsgespräche.

In solchen Trennungsgesprächen (die auch von einem Außenstehenden angeleitet sein können) geht es nicht darum, die alte Wäsche noch einmal zu waschen, sondern ein Gleichgewicht zu finden zwischen einem gemeinsamen Rückblick und der persönlichen Darstellung der Situation, in der jetzt jeder für sich steht. Es wird herauszuarbeiten sein, worin die Unvereinbarkeiten bestanden haben, möglichst wertungsfrei und möglichst ohne erneute Vorwürfe. Daß gemeinsam und gegenseitig ausgesprochen wird, weshalb es nicht mehr ging, ist hier das Entscheidende.

Ebenso gehört zu diesem Rückblick, und das ist oft noch schwieriger, daß miteinander herausgearbeitet wird, worin die Gemeinsamkeiten bestanden haben und was lange Zeit das Tragende der Ehe gewesen war. Erst wenn man auch diese positiven Seiten des Partners und der Ehe nachträglich sich selbst und voreinander noch einmal klarmacht, wird es möglich, über das Gewesene hinauszugehen.

Eine solche »Trennungsbilanz« kommt durchaus dem Bedürfnis entgegen, die Erinnerungen zu ordnen und nachträglich über das Gewesene Orientierung zu finden. Die Gefahr dabei ist, daß man sich nur die Erinnerungen heranholt, die die Richtigkeit der Trennungsentscheidung bestätigen. Deshalb gehört die positive Bilanz unbedingt dazu, auch wenn man sich zu ihr sicher sehr aufraffen muß: Was habe ich positiv an meinem Partner gehabt? Was hat die Ehe mir gegeben an Sicherheit und Bestätigung? Nur der Blick auf das, worauf man verzichtet, ermöglicht eine wirkliche Verabschiedung.

So mag erkennbar werden, daß Trennung kein einmaliger Akt ist, sondern ein Prozeß, der nicht nur lange vor der äußerlich vollzogenen Trennung beginnt, sondern der auch lange nach dem äußeren Schritt immer noch weitere innere Schritte des Loslassens verlangt. »Die« Trennung besteht aus sehr vielen Abschieden und Loslösungen – auch von bisher vertrauten Teilen der eigenen Identität, von Gewohnheiten, Idealen und unrealistischen Hoffnungen. Und »die« Trennung enthält, als Prozeß gesehen, viele Neuansätze und aufkeimende Möglichkeiten, sie enthält Ohnmachtssituationen und Stärkemomente, Verlassenheiten und Solidaritäten.

Trennung ist kein isoliertes Unglück, das über eine harmonische Ehe hereinbricht und das irgendwann endlich vorbei ist. Sie ist Teil vieler heutiger Beziehungen; und insofern sie ein Prozeß ist, ist Trennung die Fortführung einer Beziehung auf immer neuen Ebenen. Sie ist somit nie zu Ende. Selbst wenn nach Jahren der gelassene Rückblick anzeigt, daß die Trennung »verarbeitet« wurde, ist die Beziehung noch anwesend, wenn auch dann aus abgeklärter und autonomer Position heraus. Und selbst wenn man sich nie mehr sieht, lebt die Beziehung in der Erinnerung fort, verändert sich, einfach weil der rückschauende Blick sich immer wieder ändert.

Auch insofern ist Trennung ein ambivalentes Phänomen: In gewisser Weise gibt es sie nicht. Man kann nicht keine Beziehung zu etwas oder jemand haben, zu dem man einst eine Beziehung gehabt hat. Es ist unmöglich, alles auszuradieren. Vielmehr kommt es darauf an, mit dem Gewesenen weiterzuleben und den eigenen Weg zu finden und zu gehen, ohne ihn abhängig zu machen vom Gewesenen und dennoch in Anerkennung der Tatsache, daß dies ein Teil des eigenen Weges ist.

Intimität und Abgrenzung in der Beziehung

Die Trennung von einem Partner erscheint uns als ein Ende. Sie wird als ein Ende erlebt und auch so gewollt. Im letzten Kapitel haben wir aber gesehen, daß die Beziehung in einem, wenngleich verborgenen, seelischen Innenbezirk weiterlebt. Sie ist dort nicht einfach als faktische Erinnerung abgeheftet, wie man etwa Fotos abheften kann, sondern die Erinnerung lebt, sie verändert sich immer wieder; von Zeit zu Zeit stellen sich andere Aspekte der damaligen Beziehung in den Vordergrund, das Bild des früheren Partners und auch der Beziehung mit ihm changiert, oft erst zwischen Extremen, dann ruhiger abwägend, aber auch ambivalenter.

Der neue Alltag, eine neue Beziehung finden immer wieder unerwartet Resonanz in diesem Erinnerungsraum. Bilder von früher werden auf einmal wieder aktuell und schieben sich wie eine Brille vor die Wahrnehmung der Gegenwart. Die damalige Beziehung und was man an ihr erlebt hat, sind deshalb Teil auch des aktuellen Selbstbildes. So bleibt durchaus eine lebendige Verbindung bestehen, auch wenn es äußerlich keinen Kontakt mehr gibt. Und nur wenn die heftigen Gefühle in Zusammenhang mit der Trennung nicht aufgelöst wurden, wird ein erheblicher seelischer Aufwand betrieben, um die damalige Beziehung vergessen zu können. Auch dies ist aber eine Form der weitergehenden Verbindung. Diese besteht dann darin, das Ende der Beziehung vor sich selbst immer wieder behaupten zu müssen und sich zu wehren dagegen, sie in die eigene Biographie und das eigene Selbstbild zu integrieren.

So wenig wir uns in einem absoluten und endgültigen Sinn von einem Menschen trennen können, so sehr gehört auf der anderen Seite Abgrenzung, die punktuelle, vorübergehende Trennung, zum Lebenselement einer Beziehung. Daß eine Verbundenheit bestehenbleibt, ist Teil des lebenslangen Trennungsprozesses, und daß vorübergehende Trennungen notwendig und richtig sind, gehört zum Alltag jeder Verbundenheit, gerade auch der ein Leben lang dauernden.

Betrachten wir zunächst nur den banalen Fall einer kurzen Reisebekanntschaft. Wir sitzen im Zugabteil, ein Gespräch entsteht mit einem Mitreisenden, Gemeinsamkeiten und Unterschiede werden entdeckt, wir tauschen uns aus über Persönlicheres oder über Sachthemen. Für ein paar Stunden entsteht eine Verbundenheit, eine Begegnung. Es ist eine angenehm freie Situation ohne gegenseitige Ansprüche. Sie steht von vornherein unter dem Zeichen des baldigen Abschieds. Keiner erwartet in Zukunft etwas für sich vom anderen. Daß man in diesem Moment verbunden ist, läßt keinerlei Ansprüche auf künftige Verbundenheit aufkommen. Ist gerade dies der Grund, daß wir in solchen vorübergehenden Bekanntschaften uns freier und vorbehaltloser austauschen können als in mancher Beziehung, von der Dauer erwartet wird? Es scheint ja geradezu die Gewißheit des baldigen Abschieds zu sein, die uns so frei in den Begegnungsaugenblick eintauchen läßt.

Zur Begegnung, zum zwischenmenschlich dichten Augenblick gehört offenbar, daß wir mit einem Ende des Moments rechnen und dies auch akzeptieren. Wenn wir das als Urbild der Begegnung nehmen, so läßt sich verstehen, weshalb Distanzpflege in der längerfristigen Beziehung so wichtig ist und weshalb gerade solche längerfristigen Beziehungen und Ehen, die eine vorübergehende Distanz nicht zulassen, von definitiver Trennung bedroht sind.

Der Gegenpol zu Trennung und Abschied ist Intimität. »Gegenpol« aber nicht im Sinne eines Entweder-Oder, sondern im Sinne eines Spannungsverhältnisses: Distanz und Intimität gehören zusammen. Die Möglichkeit und gegenseitige Gewährung von Distanz ermöglicht Intimität, und die Möglichkeit und Gewährung von Intimität ruft das Bedürfnis auf nach anschließender Distanz. Intimität, die Verbundenheit über die Grenzen des üblichen persönlichen Schutzraumes hinaus, ist unabdingbarer Bestandteil, sicher sogar Wesensmerkmal einer liebenden Verbundenheit. Aber diese Intimität muß sich ergeben und muß in Freiheit gewährt werden; sie kann nicht verlangt werden und kann keine Pflicht sein. Intimität heißt, gegenseitig das Unbekannte, Innerste, auch Geheimnisvolle am Partner erkunden zu dürfen, der in Freiheit Zugang gibt. Intimität setzt also Unbekanntes und Geheimnis, Abgrenzung voraus. Deshalb kann es keine ununterbrochene Intimität geben. Der Partner muß die Möglichkeit haben, den Zugang auch wieder zu verschließen, Neues und Anderes bei sich zu bewegen und für sich zu erleben, damit beim nächsten Öffnen wieder Erkundbares vorliegt. Intimität ruft früher oder später ein Abgrenzungsbedürfnis hervor, ein Bedürfnis, doch noch weitere Innenbezirke zu haben, die vom Partner noch nicht erkundet sind. Wenn solch ein rhythmischer, atmender Rückzug auf sich selbst in der Beziehung »verboten« ist, kann die Intimität zum Spaltpilz mutieren und den Keim für eine definitive Trennung legen.

Vorübergehendes Getrenntsein in Form eines Rückzuges auf sich selbst oder auch in der Form, daß die Partner für einige Zeit eigene Wege gehen, ist nicht der Gegensatz zu liebender Verbundenheit, sondern eines ihrer Merkmale, wenn sie den anderen als Individuum meint. Wenn ich den anderen als eigenberechtigtes Individuum erkenne und will, kann es keine unterbrechungslosen Erkundungen an ihm geben. Das Individuum ist letztlich immer ein Geheimnis und fremd. Liebe anerkennt dies und rechnet damit. Die unterbrechungslose Berührung kann dagegen in Kontrolle ausarten und führt dann zum Gegenteil dessen, was sie sucht: zum Verlust des Partners. Dieser taucht erst innerlich ab, später auch äußerlich.

Es ist ein großer und tragischer Irrtum, wenn manche Partner sich heute am Anfang ihrer Beziehung gegenseitig das Versprechen geben, in Zukunft immer absolut »ehrlich« miteinander zu sein und sich »alles« zu sagen. Erstens kann man nicht »alles« sagen: Je mehr man »alles« sagen möchte, um so mehr verflüchtigt und verändert sich dieses »alles«, und dann ist es doch nicht alles gewesen. Es hat kein Ende und führt zu Mißverständnissen, »alles« sagen zu wollen. Zweitens gehört es zur Verbundenheit mit einem Menschen, ihn auch mit seinem Geheimnis, seinem Innenleben, das er unabhängig von mir und unserer Partnerschaft hat, zu achten und zu wollen.

Jeder Gedanke, jede Phantasie, jedes kleine Erlebnis mitteilen zu müssen, verändert diesen Gedanken und diese Phantasie in eine Mitteilung an den Partner. Das müssen Gedanken und Phantasien aber ursprünglich gar nicht gewesen sein. Eine Ehefrau genießt es, daß der Kellner im Café besonders freundlich zu ihr ist. Wenn sie dies ihrem Mann erzählen *muß*, wird aus *ihrem* Erleben eine Botschaft: Da gibt es noch andere Männer, die sich für mich interessieren. Oder, vom Mann aus gehört: Sie läßt sich von anderen Männern anhimmeln. Es gehört kein paranoides Talent dazu, aus solchen für die Beziehung ursprünglich belanglosen Vorfällen eine Bedrohung derselben zu konstruieren.

Nur wenn die Ehefrau in Freiheit von dem kleinen Erlebnis erzählt und erzählen *möchte*, teilt sie ihrem Mann etwas *von sich* mit. Und mehr ist es nicht. Muß sie solches aber erzählen, teilt sie ihrem Mann anhand dieser Episode etwas *über ihre Beziehung* mit – und schon entsteht eine Spannung.

Sie muß sich mit solchen Erlebnissen und Gedanken punktuell trennen dürfen von ihrem Mann, sich als eigenständige Person erleben dürfen. Sobald aber die Ehe als emotionale Versorgungsveranstaltung, als Wunscherfüllungsinstitution oder als therapeutische Maßnahme für früher erlittene Zurücksetzungen aufgefaßt wird, können die Beteiligten die gelegentliche Distanz allerdings schlecht ertragen. Sie fassen diese als Bedrohung auf.

Eine Liebe speist sich aus dem Wechsel von Intimität und Distanz. Jeder hat andere Intimitätsgrenzen und muß auch in diesen entsprechend handeln dürfen. Sobald der Erwartungsdruck da ist, daß Intimitätsgrenzen auf Kommando oder dauerhaft fallen müssen, entsteht der Druck, seelische Innenbezirke außerhalb der Partnerschaft zu bilden und zu pflegen.

Ein Intimitätsdruck liegt in unserer Kultur schon dadurch vor, daß wir überhaupt im Alltag zusammenleben. Die riechenden Socken des Partners und die Cellulite-Crème der Partnerin, die tagaus, tagein zu erlebenden Eigenheiten des anderen rufen unweigerlich ein Abgrenzungsbedürfnis hervor, das man nur als gesund bezeichnen kann. Ungesund ist das Verbot solcher Abgrenzung. Es schwächt die Gefühle und steigert die eskapistischen Tendenzen.

Um es pointiert auszudrücken: Auf die Dauer ist das alltägliche Zusammenleben Gift für die Begegnung. Die intime seelische – und körperliche – Berührung setzt voraus, daß man aus einer gewissen Distanz sich herbegibt und sich danach wieder in jene Distanz zurückbegeben kann. Sehr viele Paare würden sich nicht trennen, wenn sie nicht ständig im Alltag zusammen sein müßten. Sicher gibt es in der ersten Verliebtheit das Bedürfnis, hundert Stunden am Tag mit dem Partner zusammenzusein. Aber man hat dabei kein Bedürfnis nach Alltag, sondern im Gegenteil nach einer herausgehobenen Situation. So schleicht sich aber der gemeinsame Alltag ein und später sind es »praktische«, finanzielle oder sich aus der Elternschaft ergebende Gründe, daß man zusammenlebt.

Intime Begegnung ist aber, wie jedes Glück, wesensmäßig nur ein Moment. Sie ruft nach Abschied und Distanz. Keineswegs ruft sie nach endgültiger Trennung. Sie möchte den dichten Moment mit demselben Menschen wieder erreichen. Dazu braucht sie aber das freie Durchatmen dazwischen.

Ehe ist deshalb das paradoxe Kunststück, immer wieder Begegnungsmomente zu schaffen mit dem gleichen Menschen unter der begegnungsfeindlichen Bedingung fortwährender Nähe. Dieses Kunststück ist nur zu erbringen, wenn man auch die Distanz pflegt und den Partner zu seinem Eigensein und Für-sich-Sein freiläßt.

Der Mensch auf dem Wege

Die Knieende wirkt wie eingehüllt in das Geheimnis einer Paradoxie. Sie hält inne, ist versunken in ein inneres Hören, das den Horizont wieder erweitert aus der Enge des Schmerzes über einen Verlust. Sie ist in einem elementaren Sinne still. Und doch ist sie auf dem Wege. Sie weiß um den Wegcharakter des menschlichen Daseins. Sie kniet in der Erkenntnis, daß jeder Verlust, jede Trennung auf die Zukünftigkeit des Menschen verweist – eine Erkenntnis, die im Moment niederdrückt und zugleich die Chance zeigt zur Aufrichte, zum Anschluß an die volle Höhe des eigenen Daseins.

Wir haben bisher in erster Linie auf jene Arten von Trennung geblickt, die sich – oft untergründig – lange vorbereitet haben und die besonders augenfällig die angespannte Ambivalenz erkennen lassen zwischen Loslassen und Sich-Wehren gegen den Verlust. Der Prozeßcharakter der Trennung ist hier schon im Gang, bevor es zum äußerlichen und bewußten Verlust kommt. Und diese Art von Abschied bringt die Sinngebung des Vorganges als ein monatelanges, manchmal jahrelanges Ringen zur Anschauung.

Zwei andere Arten von Trennung und Verlust stellen uns in einer noch anderen Weise vor die Sinnfrage. Zum einen bricht manchmal in unser Leben in abrupter, als brutal empfundener Weise ein Verlust ein, zu dem kein psychologischer Prozeß hingeführt hat, sondern der uns ohne jede Vorbereitung vor die nackte Tatsache stellt. Plötzlich stirbt der Partner durch einen Unfall. Ein kleines Kind erleidet den »plötzlichen Kindstod«. Feuer vernichtet das eigene Haus. Die Firma geht in Konkurs, und man sieht sich plötzlich im Heer der Arbeitslosen. Diese Verluste haben keinen psychologischen Hintergrund, vielmehr besteht die Trauerarbeit gerade darin, ein psychologisches Feld zu erarbeiten, in dem ein Standhalten erst möglich sein kann. Weniges kommt uns sinnloser vor als ein solcher abrupter Abbruch.

Zum anderen kennen wir alle die organischen Arten von Loslösung, die wie eine immer wiederkehrende Häutung die weitere Entfaltung unserer Biographie erst ermöglichen.

Unser Leben beginnt mit einer Trennung – der Trennung vom Mutterleib – und wirft es damit gleich zu Beginn in eine Ausgesetztheit und Schutzbedürftigkeit, die andererseits zum Ursprung unseres Selbständigkeitsstrebens wird. Eine zweite Häutung ist die Pubertät – wir erfahren den Verlust der Kindheit und erleben gleichzeitig die Notwendigkeit und das Bedürfnis, selbst Verantwortung für unser eigenes Leben zu übernehmen. Und auch die daraus sich ergebenden inneren und äußeren Konflikte und Ambivalenzen haben nur das eine entwicklungsnotwendige Ziel, im Lauf der nächsten Jahre den Ausgleich zu finden zwischen Eigenständigkeit und Einbezug in soziale Zusammenhänge.

Entsprechend empfinden Eltern pubertierender Kinder, daß sie die »Kontrolle« verlieren über ihren Nachwuchs. Sie neigen dazu, sich ihren flügge werdenden Kindern kritisch und besorgt gegenüberzustellen – wo es doch vielmehr um die Frage geht, wie beide Seiten, Kind und Eltern, aus dieser letzten Phase der Elternschaft einen Entwicklungsgewinn ziehen können.

Mit 18 Jahren ungefähr ergibt sich die Notwendigkeit, auch äußerlich damit zu beginnen, sich auf eigene Beine zu stellen. Jetzt wird von dem Heranwachsenden verlangt, die Sicherheiten loszulassen, die das Leben im Elternhaus, bei allen Konflikten, mit sich brachte. Entsprechend sind wir als Eltern von erwachsen werdenden Kindern nicht nur mit dem Ende unserer Elternrolle befaßt, sondern sehen uns auch herausgefordert, Abschied zu nehmen von der äußeren Dynamik, die Kinder ihren Eltern bescheren. Wir sind damit ganz auf uns selbst gestellt und dies in einem Alter, das nicht ohne weiteres Aufbruchstimmung entstehen läßt. Wir sehen uns eher ins Alter gedrängt und müssen den folgenden Lebensabschnitt darum aus unserem Innersten heraus planen und gestalten, während die Elternrolle uns von außen her in Trab hielt.

Die Lebensmitte mit ihrem langsam sich einnistenden Selbstzweifel und der nagenden grundsätzlichen Frage, ob das, was man bisher erreicht hat und geworden ist, eigentlich schon alles ist oder ob es darüber hinaus noch weiterführende Perspektiven gibt, ist eine weitere, wenn auch mehr aus innerem Anlaß sich vollziehende Häutung. Sie bringt die ambivalente Loslösung von den bisherigen Werten des Erfolgs mit sich und rückt darüber die stilleren Werte des sozialen Wirkens und eines gesunden Absehens vom nur persönlichen Erfolg in den Horizont.

Und schließlich das Alter – es ist gekennzeichnet durch immer häufigeren Abschied. Abschied ist der Alltag des Alters. Freunde sterben, auf körperliche Funktionen kann man sich nicht mehr so verlassen wie früher, Beweglichkeit ist nicht mehr selbstverständlich, soziale Bezüge reduzieren sich. Und im Hintergrund ist die Bilanzfrage anwesend: Was hast du erreicht? Was hast du versäumt? Was wirst du nicht mehr erreichen? Worauf mußt du jetzt verzichten? – Bis dann mit dem Vorgang des Sterbens der letzte große Abschied ansteht, für den wir bisher nur sehr anfänglich kulturelle Formen entwickelt haben. Immer noch fehlt auch für diesen Teil der Biographie das Bewußtsein, daß es sich um einen Prozeß des Abschieds handelt, ambivalent und von Ängsten und Verzweiflungen ebenso erschüttert wie von Hoffnungen durchlichtet.

All dies sind »biographieorganisch« notwendige und sinnvolle Abschiede. Es sind Häutungen. Etwas, das bis dahin berechtigterweise Halt und Sicherheit gegeben hatte, wird an solchen Übergangsphasen eng und starr und bedarf der Ablösung, damit eine neue Phase der Bewegung auf dem Weg zur Autonomie und Individuation möglich wird.

So erkennen wir also drei Formen der Trennung – die organische, die jede biographische Entwicklung von sich aus beinhaltet; die sich einschleichende, die den Widerspruch von Autonomie und Sicherheitsbedürfnis besonders deutlich empfinden und als langes Ringen real erleben läßt; und schließlich die abrupten Trennungen, welche die Frage der Sinngebung wie ein Feuer aufflammen lassen.

Und diese dritte Art von Trennung stellt uns wie keine andere vor die Frage der Sinngebung. Es geht hier nicht um das psychologisch zu begründende Warum. Vielmehr ist von uns hier eine aktive, willentliche Sinn*gebung* verlangt. Ein abrupter Verlust »hat« zunächst keinen Sinn, wie etwa der Verlust der Kindheit in der Pubertätszeit Sinn hat. Vielmehr geht es hier um die Frage, ob wir den Verlust zum Anlaß unseres weiteren Strebens nach Autonomie und Individuation *machen* können.

Können wir aus einem großen Trotzdem heraus über die Bedrückung, innere Beengung und Horizontverschließung, die der abrupte Verlust mit sich bringt, hinausgehen und die Erschütterung in Beweglichkeit ummünzen?

Damit sind wir am gleichen Punkt, an dem *Die Knieende* sich befindet, die den Januscharakter allen Abschieds so eindringlich zur Anschauung bringt. Bleibt es beim Verlust, oder läßt sich eine Zukunft daraus gewinnen? Das ist keine Frage, die sich mit schnellen Ratschlägen erledigen ließe, sondern die durchlebt werden muß, damit menschliche Entwicklung weitergehen kann.

Verlust der Arbeit – Verlust der Würde

Gibt es ein gesellschaftliches Thema, das uns hilfloser macht als die Arbeitslosigkeit? Kaum eine Tatsache fordert uns zu zornigerem Sprechen heraus über Phantasielosigkeit, Feigheit vor der Wirtschaft und Selbstgefälligkeit der politischen Kaste.

In unserem Zusammenhang interessiert uns der biographische Aspekt vom Verlust des Arbeitsplatzes. Blicken wir noch einmal auf *Die Knieende*. In ihrem Niedersinken dokumentiert sich auch ein Zusammenbruch des Selbstbildes, ein Selbst-Verlust. Dasjenige, was wir eben noch gehabt haben, war nicht bloß akzessorischer Besitz, vielmehr war unser Selbstbild an das Gehabte gebunden. Wir kennen und erkennen uns in dem, was wir haben. Jeder Verlust, besonders der von außen aufgezwungene, der nicht selbst frei beschlossene, ist deshalb auch eine Verunsicherung, oft sogar ein Angriff auf meine Identität. Je zentraler das Gehabte für mein Selbstverständnis war, um so mehr gerät die Verunsicherung zum Zusammenbruch.

Verlust von Arbeit erschüttert existentiell. Arbeit ist in der Regel das Zentrum unserer Identität überhaupt. Dies meint hier nicht ein Klammern an den äußeren Gegebenheiten des Arbeitsplatzes, finanzielle Ausstattung, Status und so weiter, sondern ergibt sich daraus, daß Arbeit das natürlich und – eigentlich – selbstverständlich gegebene Feld der Ich-Entfaltung ist. Natürlich gibt es Ich-Entfaltung und Ich-Entwicklung auch in anderen Lebensfeldern. Deren Entwicklungspotential wird uns aber oft erst in der Krise bewußt. Partnerschaft, Freizeitaktivität, politisches oder religiöses Engagement können, sobald Probleme auftauchen, ebenfalls weitere Entwicklungsschritte herausfordern.

Arbeit aber ist wesensmäßig Herausforderung. In der physischen oder geistigen, auch seelischen Auseinandersetzung mit meinem Arbeitsfeld erlebe ich mich, ich stoße an meine Grenzen, muß über mich hinausgehen und erfahre das Wachstum meines Ichs. Im Beruf arbeite ich meine Fähigkeiten in meine irdische Existenz hinein und erlebe, wie eine Antwort, was meine Möglichkeiten weiterer Entwicklung sind. In der Arbeit sehe ich, was ich geworden bin, und was ich noch nicht bin. Ich erlebe den vergangenheitsbezogenen Aspekt meiner Identität ebenso wie ihren Zukunftscharakter. Ich habe etwas gelernt, ich habe Kompetenzen, und ich muß meine Fähigkeiten ständig überprüfen und gegebenenfalls erweitern. Insofern ist Arbeit das natürliche, alltägliche Medium der Ich-Entwicklung.

Hieraus kann verständlich werden, weshalb vom Verlust des Arbeitsplatzes Betroffene sich angegriffen, entwertet fühlen. Sie erleben sich, zunächst jedenfalls, abgeschnitten von der Möglichkeit weiterer Ich-Entfaltung. Man nimmt Arbeitslosigkeit persönlich. Eine Naturkatastrophe, die zu äußeren Verlusten – zum Beispiel des Besitzes – führt, wird nicht als persönliche Entwertung genommen. Die wirtschaftliche Einschränkung, die sich aus der Arbeitslosigkeit ergibt, ist deshalb nicht das zentrale Problem, noch nicht jedenfalls. Den Verlust des Arbeitsplatzes nimmt man persönlich, weil er eine Annullierung und Verhöhnung des elementaren Rechtes darstellt, als ein Ich-Wesen sich auf Erden zu entfalten, beizutragen zum allgemeinen Weiterkommen, Verantwortung übernehmen zu dürfen und als Individualität gleichberechtigter Teil des sozialen Gefüges zu sein.

Arbeitslosigkeit ist die Lähmung des tätig sein wollenden Ichs, welches ja nicht aus einer Laune heraus tätig sein will, sondern dessen Urbestimmung es ist, seinen Wert und seine Entwicklung im Tätigsein zu finden.

Arbeitslosigkeit ist der Angriff auf das Ich, auch wenn das von niemandem so gewollt ist. Die schamlosen »Tröstungen«, die der

Personalchef dem Gekündigten mitgibt, er habe jetzt ja mehr Zeit für seinen Schrebergarten und seine Kinder, haben ähnlich destruktiven Charakter wie der »Trost« für den Erblindeten, er könne ja »noch« Musik und Radio hören. Solche »Tröstungen« zeigen, worum es beim Verlust der Arbeit biographisch geht: Wir verlieren unsere Würde als Individuum, wo wir nicht mehr im gesellschaftlichen Bezug arbeiten können. Daß der Arbeitslose sich jetzt, scheinbar in Ruhe, längst notwendigen Reparaturen und Renovierungen an seiner Wohnung hingeben, daß er jetzt, scheinbar mit Muße, seinen Garten auf Vordermann bringen kann, ist niemals Ersatz. Denn hier handelt es sich um Tätigkeiten, die nicht Beitrag sind. Im Gegenteil verschärfen sie für den Betroffenen das Gefühl, nicht mehr gebraucht zu werden und damit isoliert zu sein vom gesellschaftlichen Leben.

Würde ergibt sich daraus, daß wir in *Gleichheit* zu anderen Individualitäten und sozialen Zusammenhängen stehen. In dem, was wir unter Würde verstehen, dokumentiert sich erlebnismäßig das, was man ideell mit Gleichheit oder Chancengleichheit meint. Der Arbeitslose ist aus dieser Gleichheit oder Gleichberechtigung geworfen. Er darf weiter existieren, wie etwa ein Haustier existieren darf. Aber er darf sich nicht mehr in den tätigen Bezug zu anderen Menschen stellen. Man erwartet nichts mehr von ihm. Günstigenfalls toleriert man, daß er Geld kostet. Damit verliert er seine Würde.

Noch der regulär in Rente gehende ältere Mensch erlebt etwas von diesem Verlust der Würde. Nur kann er vorbauen, sich darauf vorbereiten und die Würde seines Alters gerade darin wiederfinden, nicht mehr physisch tätig sein zu müssen und sich jetzt frei in Bezug zu anderen Lebensfeldern zu setzen. Der Pensionär kann zurückblicken auf Geleistetes. Der Arbeitslose kann nur auf das blicken, was er nicht mehr leisten kann.

Wie aber sieht die Aufrichte-Seite dieses Verlustes aus? Es kann nur die eine, banale Antwort geben: Er muß wieder Arbeit bekommen. Denn für sie gibt es keinen Ersatz. Wenn der Betroffene auf dem regulären Arbeitsmarkt zunächst keine Stelle findet, kann er versuchen, jetzt anders zu arbeiten. Er kann sich selbst einen Arbeitsplatz schaffen. Er kann sich selbständig machen. Er kann umschulen. Er kann neue Kompetenzen erwerben, um seine Chancen zu verbessern. Aber anders als durch Arbeit kann er diese Würde nicht wieder erlangen. Ein wirkliches Aufrichten nach dem Verlust des Arbeitsplatzes ist erst da, wenn der Betroffene diese existentielle Krise in einen Zugewinn an Autonomie ummünzen kann.

Einfach wieder einen Arbeitsplatz zu finden, ist ein Segen, macht aber, biographisch gesehen, die Krise nur rückgängig. Man ist mit einem blauen Auge davongekommen, wenn auch eine gewisse Unsicherheit und Ängstlichkeit bezüglich der Sicherheit des Arbeitsplatzes zurückbleibt. Und eine Arbeitsbeschaffungs-Maßnahme zu erhalten, ist zunächst nur die Verschiebung der Krise, eine Schonfrist.

Erst der selbst initiierte Aufbau eines neuen Arbeitsfeldes, der eigene Betrieb, die eigenverantwortete Dienstleistung, lösen die Krise genuin auf, weil sie verlorene Würde neu und anders zurückbringen. Denn man ist ja arbeitslos geworden, weil man abhängig gewesen war. Diese Abhängigkeit wird uns meistens erst bewußt, wenn uns der Verlust des Arbeitsplatzes droht. Die eigenverantwortliche Arbeit schafft zumindest an dieser Stelle Abhängigkeiten ab. Das bedeutet bekanntlich nicht, daß nun Freiheit und Belieben walten. Konkret muß oft mehr und komplexer, vielschichtiger gearbeitet werden als zuvor im »abhängigen Lohnverhältnis«. Aber man ist, was die Arbeit betrifft und ihre finanzielle Seite, nur sich selbst verantwortlich. Insofern ist dadurch eine ganz andere Souveränität für das tätig sein wollende Ich gegeben als in der »nicht-selbständigen« Arbeit.

Natürlich bringt Arbeitslosigkeit auch noch andere Verluste mit sich als den Verlust der Würde. Aber alle anderen Verluste sind im Prinzip ersetzbar. Der Verlust sozialer Bezüge, den Arbeitslosigkeit mit sich bringt, kann unter Umständen auch im Privaten, in der Freizeitaktivität oder zum Beispiel im ehrenamtlichen Engagement ausgeglichen werden. Auch die finanziellen Einschränkungen sind entweder verkraftbar oder durch kleine Jobs wenigstens zum Teil auszugleichen.

Allerdings ist mit der finanziellen Seite auch ein Aspekt berührt, der die Frage nach der Würde des einzelne Betroffenen aufwirft. Jeder, der lohnabhängig arbeitet, zahlt einen bestimmten Betrag in die Arbeitslosenversicherung ein. Nun stellt sich die restriktive Arbeitspolitik der letzten Jahre als das Gegenteil dessen heraus, was man unter dem Begriff »Arbeitslosenversicherung« verstehen möchte. Von »Versicherung« spricht man nach allgemeinem Konsens dann, wenn eine Solidargemeinschaft in einen gemeinsamen Topf einzahlt, damit der einzelne im Schadensfall eine bestimmte, zum Zeitpunkt der Einzahlung bereits definierte, also zugesicherte Entschädigung bekommt. Wir bekommen heute aber keineswegs das, was wir erwarten konnten, als wir eingezahlt haben. Indem man eine Versicherung eingeht, entsteht ein Vertrag. Wenn ein Vertragspartner die Bedingungen ändern will, muß der andere Vertragspartner zustimmen oder ablehnen können. Nur dann ist er gleich und hat also Würde. Der Staat als Verwalter der Arbeitslosenversicherung ändert in den letzten Jahren aber immer wieder einseitig die Entschädigungsbedingungen und -modalitäten, und zwar zu Ungunsten des Versicherungsnehmers. Das ist Betrug. Damit liegt ein weiterer Angriff auf die Würde des einzelnen vor, in gewisser Weise schon bevor er arbeitslos geworden ist.

Auf der anderen Seite verliert auch der Betrügende seine Würde und seine Glaubwürdigkeit im Betrug. Das ist kein Trost, aber ein weiterer Hinweis darauf, daß Entwicklungen anstehen, die uns gerade auf diesem zentralen Feld unserer Existenz, das Arbeitsleben heißt, unabhängig vom Staat machen werden. Unabhängigkeit und Autonomie aber sind die Aufrichtegeste des Entwürdigten. Diese wird darin zu sich finden, daß Arbeit zunehmend selbst-organisiert und -verantwortet werden wird. In absehbarer Zeit wird die Fremdbestimmung von Arbeit aufhören. Das Ich, welches nur vor *sich* bestehen muß, wird sich selbst, wenn nicht den Arbeitsplatz, so doch das Arbeitsfeld schaffen und bereiten.

Und auch Politiker werden einst erkennen, daß der Zusammenhang von vordefinierter Arbeitsleistung und Entlohnung den Keim zur Würdelosigkeit schon in sich trägt, lange bevor jemand arbeitslos wird. Die Würde des Ichs hängt nicht am Geld, von dem ja genug da ist und das durchaus gerecht verteilt werden könnte. Vielmehr hängt sie bereits daran, daß seine Betätigung unabhängig von Geldzuwendungen gesehen werden kann.

Unabschließbarer Abschied – die Heimatlosen

Bisher haben wir Trennung als eine krisenhafte Lebensphase angeschaut, also als zeitlich begrenztes biographisches Phänomen. Trennung und Verlust setzen entweder plötzlich ein oder sie sind Zuspitzung und Wendepunkt in einer Entwicklungsbewegung, die nach einer Zeit der Ambivalenz ausschwingt in eine neue Stabilitätsphase.

Die Knieende weist noch auf einen anderen Aspekt hin. Um uns diesen zu vergegenwärtigen, stellen wir uns für einen Augenblick vor, das Motiv der *Knieenden* wäre ein Werk der Malerei. Wir empfinden sogleich, daß in diesem Fall durch das zweidimensionale Medium etwas verlorengehen würde. *Die Knieende* ist als Skulptur da. Dadurch verharrt sie im Raum, ist sie ohne Dauer. Die Geste ihrer Körperhaltung bezeichnet einen Moment, einerseits. Und doch ist es ein Moment wie aus Stein.

Etwas bleibt vom Verlust. Das Verlorene bleibt vor Augen, auch wenn man sich wieder aufrichtet und weitergeht. Skulpturen bringen einen anderen Aspekt von Ewigkeit als etwa Bilder, literarische Werke oder gar die Werke der Musik.

Manchmal kann man Abschied nicht abschließen. Das, worin man zu Hause war, ist jetzt nicht nur verloren, nein, ein Bewußtsein von Entwurzelung verbleibt und nimmt Raum. Es wird Hintergrundton auch wieder errungener Sicherheit und Beheimatung. Abschied ist insofern nie zu Ende.

Gerade unsere Zeit kennt Entwurzelte, denen sich das »Für-Immer« eines Abschieds alltäglich mit schmerzlicher Deutlichkeit in die Seele gräbt: politische Flüchtlinge, Aussiedler, Verfolgte. Trennung ist hier Zustand. Sie haben nicht nur etwas oder jemanden verloren, sie sind von ihren Wurzeln abgeschnitten. Und wenn sie auch wieder Fuß fassen in neuen Lebenszusammenhängen, sich wirtschaftlich wieder auf eigene Beine stellen, ein neues Netz von Bekanntschaften und Freundschaften knüpfen können, sogar wenn sie sich in ihrem Exil oder Asyl wieder wohlfühlen können – der Verlust der Heimat bleibt Signatur ihrer weiteren Lebenswege und ihrer Lebensgestaltung. Erarbeitete Beheimatung ist nicht Ersatz für verlorene Heimat. Viele geraten in eine völlig andere Sprachwelt, eine andere Lebensauffassung, müssen sich mit ganz anderen Lebensstilen und Werten auseinandersetzen. Und sie entfalten in diesem Zusammenhang oft eine erstaunliche Anpassungsfähigkeit. Aber Heimat ist damit nicht mehr zu erreichen. Es gibt keinen Ersatz.

Folgende Vignette möge das illustrieren: Herr P. floh 1980 über Rumänien aus der damaligen DDR. Wie er erzählt, hatte er von vornherein günstige Bedingungen für den neuen Start in Westdeutschland, und es sei ihm nur Wohlwollen entgegengekommen. In wenigen Monaten schaffte er es, sich einen eigenen kleinen Betrieb aufzubauen. Und er konnte erstmalig in seinem Leben »durchatmen«, ohne Angst vor Bespitzelung und Denunziation leben, frei heraus sprechen, sich nach eigenem Willen politisch engagieren. Er gewann Freunde und auch eine neue Partnerschaft entstand. Doch obwohl er ja aus eigenem Entschluß seine Heimat verlassen hatte und um keinen Preis zurückgegangen wäre, stand er »neben den Dingen«, wie er sich ausdrückte. Er beobachtete mehr, als daß er eintauchte. Etwas von ihm war dort zurückgeblieben oder hier jedenfalls nicht angekommen – jene elementare und selbstverständliche Lebenssicherheit, die uns der Bezug zur Heimat gibt und die man nicht hinterfragt, solange man sie hat. Die vertraute Landschaft, mit der er verwachsen gewesen war, der dortige Dialekt, bestimmte soziale Lebensgewohnheiten und Umgangsformen – er konnte nie diese ihm eingeborene Brille ablegen. In gewisser Weise wollte er sie auch gar nicht ablegen. Trotz der Unerreichbarkeit der Heimat und trotz guten Anwachsens hier fühlte er sich letztlich dieser Heimat doch auf einer so vitalen, geradezu biologischen Ebene verbunden, daß er sich selbst fremd geworden wäre, hätte er diesen inneren Ur-Bezug losgelassen.

Zu diesem Grundgefühl, bei allem sozialen und beruflichen Erfolg und bei aller Akzeptiertheit ein Fremder, hier Unbeheimateter zu sein, traten noch einzelne Ereignisse hinzu, die ihm den Verlust seiner Ur-Sphäre immer tiefer in die Seele schnitten. 1982 heiratete seine Schwester, die bewußt in der DDR geblieben war, seinen früheren Schulfreund, mit dem ihn gemeinsame Leidenschaften verbunden hatten. Er konnte nicht dabei sein. Er empfand zutiefst, daß er zu diesem Vorgang und Fest dazu gehöre, und konnte doch, aus den bekannten politischen Gründen, nicht teilhaben. Ganz unsentimental, in nüchterner Einsicht in diese Signatur seines Lebens, erkannte er sich in diesem Zusammenhang als einen für immer Heimatlosen. So allein wie an diesem Tag der Hochzeit seiner Schwester habe er sich noch nie gefühlt, trotz mitfühlender Freunde, trotz guter Gesprächspartner, die ihn in diesem Schmerz begleiteten.

Im Frühjahr 1989 starb ein früherer Nachbar nach einem langen Krebsleiden. Wiederum konnte Herr P. an der Beerdigung nicht teilnehmen. Hier bestand der Verlust darin, nicht Abschied nehmen zu können. Man kann auch von einem Prozeß des Abschieds getrennt sein. Schuldgefühle plagten ihn.

Dann öffnete sich im Herbst 1989 die DDR. Bei aller Freude über diese politische Entwicklung bedeutete sie für Herrn P. doch einen weiteren Abschied und brachte eine Steigerung seiner Entwurzeltheit. Er ist hingefahren in die alte Heimat, hat sich als freier Bürger dort bewegt, hat alte Kontakte wieder aufgegriffen, das Grab des Nachbarn besucht. – Nach zwei Tagen »floh« er zurück nach Westdeutschland. Er war jetzt auch im Osten ein Fremder. Er hatte erkannt, daß eine Anknüpfung nicht möglich war.

Die Öffnung und die bald folgende Wiedervereinigung konnten ihm nicht den verwurzelten Bezug zur alten Heimat zurückgeben. Er war in seinem Auftreten und Denken ein »Westler« geworden. Das hatten ihm frühere Bekannte, wenn auch freundlich, mitten ins Gesicht gesagt. Aus seiner Sicht hatte er sich nur angepaßt, war im Innersten aber der alte geblieben. Vielleicht stimmte das gar nicht. Vielleicht war er tatsächlich ein »Westler« geworden und hatte in seinem Inneren nur den Traum gehegt, irgendwann und irgendwie doch wieder auf die alten Wurzeln zurückgreifen zu können. Dieser Verlust an Heimat sei letztlich schlimmer gewesen als der reale Verlust durch die Flucht.

Trifft man nach Jahren einen Partner wieder, von dem man sich einst getrennt hat, so kann die Tatsache der Trennung eine gläserne, kühle Deutlichkeit gewinnen, die der seinerzeitige Abschied gar nicht an sich hatte. Es gibt keine Anknüpfung mehr. Selbst wenn gegenseitiges Wohlwollen besteht – jeder hat inzwischen seine eigene Entwicklung genommen, sich sozial neu verknüpft, jeder ist in gewisser Weise ein anderer geworden. Was Abschied war, verschärft sich zu einer nicht steigerbaren Endgültigkeit. Ein Leerraum tut sich auf, wo Wurzeln waren.

Mbowo A., ein Afrikaner in den Vierzigern, hatte in Deutschland Asyl gesucht, nachdem ihm in seiner Heimat politische Verfolgung und Folter gedroht hatten. Was ihm bei uns unersetzbar fehlte, war der soziale Grundton seiner Heimat: die Bezogenheit zur Familie, zum »Clan«, die er hier – nicht nur für sich – natürlich nicht mehr finden konnte, sondern die es hier, wie er beobachtete, ganz einfach nicht gab. Herr A. erlebte unseren Individualismus als eine Art Gotteslästerung, als Verhöhnung der Gruppengeister, die den Menschen doch hervorbringen und tragen. Herr A. studierte Medizin, zuerst in Berlin, später in London. Er wurde ein gesuchter Chirurg. Mbowo A. war ein westlich aufgeklärter, rationaler Kopf. Aber die, wie er es erlebte, schiere Leugnung des verwandtschaftlichen Rahmens, der in seiner Kultur die Kraft eines Orientierung gebenden urreligiösen Wertes hat, – das war etwas, das er einfach nicht fassen konnte. Und eben dies machte seine Heimatlosigkeit aus. Er war nicht einfach abgeschnitten von dieser Wurzel, sondern der Schnitt war aus Stein.

Mit solchen Verlusterlebnissen kann man nicht abschließen. Sie sind nicht irgendwann »überwunden«. Sie mögen sich in ihrer Präsenz manchmal relativieren und in den Hintergrund treten. Aber untergründig entfalten sie ihre eigene Dynamik und zersetzen unter Umständen, was Ansätze einer neuen Beheimatung sein könnte.

Es ist hier nicht die Frage nach ein paar guten Ratschlägen und auch nicht nach Trost gestellt. Vielmehr geht es darum, ob jemand so mit der Trennung leben kann, ob er sie also auch als Teil seiner weiteren Biographie und Identitätsentwicklung erkennen und akzeptieren kann. Das ist nicht etwas, wozu ein Außenstehender, urwüchsig Verwurzelter, auffordern könnte. Mehr als die frei lassende Frage zu stellen, steht uns nicht zu.

Vielleicht ist es ähnlich wie bei einem durch Unfall oder Krankheit plötzlich Behinderten. Trotz medizinischer Kompensationstechnik ist der Verlust eines Beines, des Augenlichtes gar, der Verlust der körperlichen Beweglichkeit zum Beispiel durch eine Querschnittslähmung, etwas ähnlich Unabschließbares. Es hilft wenig, den Betroffenen damit trösten zu wollen, was er »trotzdem noch alles« kann. Alles, was er noch kann, wird er anders, auf andere Art, mit anderer Wertigkeit, mit anderem Gewicht und anderem Bewußtsein können müssen. Was er auch tut, der Verlust ist dabei. Der Erblindete kann nicht »trotzdem noch« Musik hören. Sondern er wird Musik jetzt ganz anders hören. Der Querschnittsgelähmte kann nicht »trotzdem noch« eloquent sprechen und schreiben. Er wird mit anderem Bewußtsein sprechen und schreiben, weil in seine sprachlichen Äußerungen jetzt etwas eingehen muß von dem, was er zuvor durch körperliche Beweglichkeit, Körperhaltung, Gestik ausgedrückt und dokumentiert hat. Und der Heimatlose hat sich nicht »trotzdem« beruflich und sozial entfaltet, sondern er hat sich mit ganz anderen Motiven und auch einem anderen Druck entfaltet als der Verwurzelte. Der unabschließbare Verlust verändert auch das nicht Verlorene und das neu Gewonnene noch.

Die Knieende wird, wenn sie sich nach dem Moment ohne Dauer wieder aufrichtet, anders aufgerichtet sein als vor dem Augenblick, da sie im Verlust niedersank.

Ulrike und Hans-Joachim Schellenberg

Einleitung

Als Mathias Wais uns bat, dieses Buch durch einige Kapitel zu ergänzen, sprach er einen Punkt an, der uns schon lange als Gedanken begleitet. Diese werden in einem Gedicht von Jochen Mariss verdeutlicht:

Beziehungsweise

Ist es denn nicht möglich,
sich täglich nahe zu sein,
ohne alltäglich zu werden –
voneinander entfernt zu sein,
ohne sich zu verlieren ... ?

Beziehungsweise
sich maßlos zu lieben,
ohne sich lieblos zu maßregeln –
einander gewähren zu lassen,
ohne die Gewähr zu verlieren ... ?

Beziehungsweise
einander sicher zu sein,
ohne sich hörig zu machen –
einander Freiheit zu gewähren,
ohne sich unsicher zu werden ... ?

Beziehungsweise ...

Durch die siebenjährige gemeinsame Tätigkeit in der Paarberatung-Therapie, eigene Scheidungen und damit verbundene notwendige Trennung von Partnern, Kindern und liebgewonnenen

Orten ist es unser Anliegen, Möglichkeiten aufzuzeigen, die man zu zweit aber auch allein in der Krise nicht sehen und somit auch nicht finden kann.

Die Menschen, die zu uns kommen, haben in der Regel keinen ausformulierten Trennungsgedanken, sondern meist besteht eine Krise, die mehr oder weniger schon seit Jahren anhält, und der Gedanke der Trennung hängt wie ein Damokles-Schwert über der Beziehung.

Es wird selten konkret formuliert, häufig eher im Affekt: »Wenn du mich nicht mehr ertragen kannst, dann packe ich eben meine Koffer.«

Meist passiert dann gar nichts, und beide Partner sind froh. Es ist vielmehr häufig so, daß ein Verhalten vorherrscht wie bei einem kleinen Kind, das sich die Augen zuhält und denkt, es würde nicht gesehen: Was ich nicht konkret anspreche und formuliere, das wird auch nicht geschehen, auch wenn ich viele Tage des Miteinanders qualvoll finde. Der Gedanke, allein zu sein, erinnert uns oft unbewußt an das Verlassenwerden durch die Eltern und ist manchmal mit traumatischen Situationen verbunden. Das möchten wir so nicht mehr erleben, deshalb halten wir durch, oft jahrelang, oft gegen besseren Wissens. Das Gefühl, allein zu sein (zu leben), ist häufig so angstbesetzt – da ist es doch besser, jemanden bei sich zu haben, auch wenn es keinen Austausch und kein Miteinander mehr gibt.

Paare, die sich zu einer Therapie entschließen, formulieren diesen Punkt auf Nachfragen hin ganz konkret. Therapie kann somit auch bedeuten, daß wir erkennen: Wir können nicht mehr miteinander leben.

Meist wird dieser Satz in der ersten Stunde formuliert – ein entscheidender Punkt: Ich habe meine Angst in Worte gebracht, das heißt, der erste Schritt zur Veränderung ist getan; wie auch immer die Therapie beendet wird, danach werde ich wissen, sind wir noch ein Paar, oder können wir keines mehr sein?

Das ist das grundsätzliche Ziel der Paartherapie: Klarheit zu schaffen für die Betroffenen, nach einer Dauer von ein bis zwei Jahren zu wissen, ja, das ist der Mensch, bei dem ich trotz aller Schwierigkeiten und Unterschiede bleiben will. Oder zu sagen: Wir haben unsere Beziehung jetzt gründlich angeschaut und erkennen beide, daß eine Trennung uns für unser weiteres Leben die besseren Entwicklungsmöglichkeiten bietet.

Die folgenden Kapitel sollen vornehmlich aus der Praxis berichten, um deutlich zu machen, mit welchen Methoden und Möglichkeiten Betroffene zu einer für sie passenden Entscheidung gelangen können.

Nicht unerwähnt lassen möchte ich, daß uns die Arbeit mit dem Paartherapeuten Michael Cölln und die systemische Therapie Bert Hellingers entscheidende Impulse für unsere Arbeit gegeben haben. Das hat uns auch gezeigt, daß durch die Einbeziehung des anthroposophischen Menschenbildes viel Lebendigkeit in den hier behandelten Prozessen entstehen kann.

»Wenn du dich doch nur ändern würdest!«

In der ersten Therapiephase geht es, entgegen den Erwartungen der meisten Paare, vor allem darum, aus dem Wust von Anklagen, Anschuldigungen, gegenseitigen Verletzungen und Konfliktschilderungen ein Grundbild der Beziehung zu erarbeiten; das heißt, unabhängig von der auslösenden Krise (die parallel dazu bearbeitet wird) zu schauen, welches Bild die beiden Menschen eigentlich voneinander haben. Welches Bild habe ich von mir, wie gehen wir beide damit um?

Eine gute Möglichkeit für eine erste praktische Übung bietet eine Phantasiegeschichte mit Tieren: Beide Partner werden aufgefordert, sich zu entspannen und spontan zu überlegen, mit welchem Tier sie sich wohl am besten identifizieren könnten.

Haben beide ein passendes gefunden, werden sie gebeten, mit diesem eine gegenseitige Beziehung herzustellen, das heißt gemeinsam im Gespräch eine kleine Geschichte zu entwickeln, wie diese Tiere wohl miteinander umgehen können, beziehungsweise, ob sie überhaupt den Mut zu einer Begegnung haben.

Ein Beispiel: Jan und Maike, beide Anfang 30, seit sieben Jahren zusammen, seit zwei Jahren verheiratet, kommen zur Therapie, weil Maike für vier Wochen aus der gemeinsamen Wohnung ausgezogen ist. Sie berichtet, sie habe es einfach nicht mehr ausgehalten, sie habe sich von Jan zu sehr kontrolliert gefühlt. Immer wenn sie sich mit ihren Freundinnen traf, hatte sie ein schlechtes Gewissen. Sie habe nicht mehr mit Jan reden können, und die Entfremdung zwischen ihnen sei immer größer geworden. Da sie sich zum Schluß nur noch gestritten hätten, hätte sie eine vorübergehende Trennung für das Beste gehalten, um erst einmal Abstand zu bekommen. Aber auch dadurch habe sich leider nichts verändert, und sie wüßte gar nicht mehr, wo sie eigentlich stehe, und ob sie in dieser Beziehung noch leben könne.

Jan wirkt sehr hilflos, der Auszug von Maike habe ihm deutlich gemacht, daß er sie nicht verlieren wolle und daß er jetzt alles dafür tun möchte, daß sie bei ihm bleibt. Allerdings verstehe er seine Frau gar nicht, bis kurz nach der Hochzeit sei alles in Ordnung gewesen, sie hatten gemeinsame Pläne: Kinder, dann ein Haus. Plötzlich habe sich Maike sehr verändert und das Bisherige hätte keine Geltung mehr.

Wir bitten beide, sich ein Tier vorzustellen; Maike äußert sehr spontan, sie sei ein Delphin, nach einigem Zögern kommt von Jan: ein Tiger.

Auf unsere Intervention hin entwickeln beide eine Phantasie der Begegnung. – Dies gestaltet sich, wie man bereits erahnen kann, schwierig. Maike fängt an: Der Delphin lebe natürlich im Wasser, er sei sehr klug und sensibel, schwimme manchmal zu einem Bootssteg (ihr inneres Bild sei da *Flipper*) und schaue, wer dort verweilt. Der Delphin sei sehr lebendig, an vielem interessiert, aber auch scheu und zum schnellen Rückzug bereit.

Jan beschreibt seinen Tiger als stark und schnell. Er lebe in der Steppe und liege manchmal auf einem Baum und schaue sich alles von oben herab an (Jan ist Dachdecker). Aus der Distanz heraus könne er besser reagieren, weil ihm noch genügend Zeit zum Überlegen bleibe. – Halb bewußt geben beide Partner durch diese Schilderungen schon sehr viel von ihrem inneren Wesen und ihren gemeinsamen Schwierigkeiten preis. Wie geht es weiter? Wie können sich die beiden Tiere begegnen?

Jan meint, der Tiger sei ja eigentlich wasserscheu, aber der Delphin würde ihn sehr interessieren, deshalb ginge er auch mal auf den Bootssteg, um zu schauen, wer dort im Wasser ist.

Maike antwortet, der Delphin sei neugierig, aber der Tiger mache ihr etwas Angst, und sie könne ja auch nicht aus dem Wasser heraus; aber vielleicht könnten sich ja beide Tiere miteinander unterhalten.

Jan als Tiger meint, er könne ja mal eine Pfote ins Wasser stecken, um dem Delphin näher zu kommen. Hier bricht das Gespräch miteinander ab, und Maike konstatiert, genauso sei es auch in ihrer Beziehung, sie könnten nicht wirklich zueinander kommen, und es würde schließlich von beiden unendlich viel Kraft erfordern, diese scheinbar unüberwindbaren Grenzen zu überwinden.

Nach sechs Therapiestunden entschloß sich das Paar zur endgültigen Trennung. Besonders Maike war durch die Gespräche deutlich geworden, daß sie in dieser Ehe nicht zu ihrer Persönlichkeit steht, und somit meinte sie, Jan nicht zeigen zu können, wie sie sich wirklich fühlt. Sobald sie etwas für sich tat, benötigte sie die totale Zustimmung von ihm. Erfolgte diese nicht, weil er häufig nicht mit ihren Wünschen einverstanden war, hatte sie starke Schuldgefühle. Unterdrückte sie ihre Wünsche und blieb zum Beispiel zu Hause, richtete sich ihre Frustration gegen ihn. Die tieferen Gründe für dieses Verhaltensschema waren in ihrer jeweiligen Herkunftsgeschichte angelegt.

Ein weiteres Paar, Gisela und Klaus, 41 und 43 Jahre alt, hat zwei Töchter im Alter von vierzehn und sechzehn Jahren und ist seit siebzehn Jahren verheiratet.

Zunächst erscheint Gisela allein zum Therapiegespräch. Sehr schnell kommt sie auf den Kern ihrer Probleme zu sprechen: Ihre Ehe sei in den letzten Jahren immer schwieriger geworden, der Mann spreche fast gar nicht mehr mit ihr, es sei, als ob sie gegen eine Wand renne. Das Wort Trennung schwebe im Raum, und sie wüßte sich keinen Rat mehr. Wir bitten sie, ihren Ehemann zur nächsten Stunde mitzubringen.

Der nächste Termin findet zu viert statt. Klaus ist wider Erwarten schnell bereit, sich zu öffnen und spricht über sein Unwohlsein und die Distanz in der Ehe. Er fühle sich sehr am Rande, das

Leben zu Hause würde stark von den drei Frauen (seiner Frau und den beiden Töchtern) bestimmt, für ihn bliebe wenig Raum. Er habe auch schon an eine Trennung gedacht, aber er könne sich überhaupt nicht vorstellen, allein zu leben; irgendwie brauchten sie doch einander.

Auf den Vorschlag hin, sich in eine Tiergestalt hineinzudenken, wählt Gisela einen Adler und Klaus einen Elefanten.

Gisela wird sehr schnell konkret. Ein Adler ist ein schönes, mächtiges Tier, er fliege hoch in der Luft und habe alles im Blick. Im Nest könne er seine Kinder gut beschützen und auf die Erde käme er, um Nahrung zu beschaffen. Klaus fällt es wesentlich schwerer, sich in seinen Elefanten hineinzufühlen. Stockend fängt er an: Der Elefant stehe einfach da – er würde nicht viel mitbekommen. – Ob er den Adler sähe, fragt Gisela. – »Vielleicht.« Der Elefant stehe wahrscheinlich im Zoo, in einem Gehege, dort sei er geschützt, könne die Besucher sehen, aber wichtig wäre der tiefe Graben, daß ihm nur niemand zu nahekäme.

Gisela: »Ich könnte ja zu dir hinfliegen und mich auf deinen Rücken setzen.« »Ja, wenn du mich in Ruhe läßt, darfst du dort sitzen.«

Sie interveniert aufs neue und läßt ihrem Elefanten keine Ruhe. Dieser macht deutlich, daß er sich überfordert sieht und zunächst diesen Abstand und den Schutz des Grabens braucht. Es fällt ihm schwer, zuzugeben, daß er sich sehr verletzt fühlt und die dicke Haut des Elefanten ihn schützt. Er spüre aber auch, daß er durch diese Haltung sehr einsam sei, wisse jedoch momentan keinen Ausweg. Gisela reagiert betroffen auf die Äußerungen ihres Mannes. Es scheint so, daß sie zum ersten Mal seit langer Zeit innehält und ihren Mann mit etwas anderen Augen sieht.

Am Ende der Stunde äußern beide Partner, daß es ihnen gut getan habe, sich in diesen Tiergestalten mit Distanz anzuschauen, und daß sich daraus die Möglichkeit ergebe, das gemeinsame Problem konkreter zu benennen.

Noch eine Anmerkung zum Bild des Elefanten – ein Tier, das von Männern häufig gewählt wird. Interessant ist in diesem Zusammenhang der Hinweis des Pfarrers und Eheberaters Wolfgang Gädecke, daß Männer im Seelischen eher phlegmatisch sind, das weibliche Pendant hingegen seelisch sanguinisch reagiere. Das entspricht einer Beobachtung, die wir – selbstverständlich gibt es auch Ausnahmen – immer wieder machen: Frauen wählen häufig ein Tier, das immer in Bewegung ist und möglichst alles im Blick hat, zum Beispiel Hund, Vogel, Eichhörnchen. Männer dagegen neigen dazu, Tiere auszusuchen, die groß und stark sind aber eine Tendenz zur Statik haben (Elefant, Bär, Löwe).

Dies sind zwei Beispiele für den Beginn einer Therapie. Daneben gibt es natürlich noch viele andere Möglichkeiten, Paargespräche anzufangen; wichtig ist jedoch immer das anteilnehmende Interesse an dem, was zwei Menschen bewegt, verbunden mit der Fähigkeit, sich als Therapeut auf ihren, beziehungsweise seinen Platz zu stellen und somit zu verstehen, was die persönliche Geschichte und der individuelle Lebensentwurf eines jeden einzelnen verbunden mit den entsprechenden Gefühlen ist.

In der Co-Therapie, also als Therapeutenpaar, ist dies in besonderer Weise möglich. Jeder Partner findet sein gleichgeschlechtliches Pendant und fühlt sich schon allein dadurch ein gutes Stück angenommen. Die Folge ist ein wesentlich rascherer Aufbau der notwendigen Vertrauensbasis.

»Du wirst deiner Mutter (Vater) immer ähnlicher!«

Im Verlauf der Paartherapie steht als entscheidender nächster Schritt die Aufdeckung der verdeckten Zusammenhänge zwischen individueller Psychodynamik und Paardynamik an; das heißt, die Herkunftsgeschichte beider Partner und die gemachten Liebeserfahrungen – sowohl bei den Eltern als auch in anderen Beziehungen – treten in den Vordergrund.

Eine besondere Methode bei dieser Aufdeckungsarbeit bietet die systemische Therapie Bert Hellingers. Sie vermittelt mit Hilfe eines kurzfristigen Verfahrens ein sehr lange wirkendes Bild der Konstellation der Herkunftsfamilie (das heißt, wie sie heute ist oder früher war und wie sie relevant ist für die Aufarbeitung der Paargeschichte).

Diese Phase der Paartherapie gleicht einer klassischen Einzeltherapie, vollzieht sich aber in der Gegenwart des anderen und erhält dadurch eine völlig eigene Dynamik des Miteinander-Wachsens. In der wechselseitigen Begleitung der inneren Verarbeitung entsteht im günstigsten Fall ein Gefühl neuer Verbundenheit, gepaart mit einer Ablösung von störenden Einflüssen aus der Vergangenheit. Indem ich Transparenz erlange darüber, wie und warum mein Partner so geworden ist, wie er (beziehungsweise sie) ist, distanziere ich mich von der Schuldfrage und kann so zum Beispiel auch im Falle einer Trennung eine konfliktfreie Lösung erreichen.

Worum geht es nun bei der Aufstellung eines Familienbildes? Die meisten Probleme in Beziehungen (Familien) entstehen dort, wo jemand liebt. Häufig jedoch geschieht dies so, daß die Ordnungen der Liebe nicht geachtet werden. Was bedeutet das?

Manchmal kommt es vor, daß ein Mitglied einer Familie ausgeschlossen wird, zum Beispiel die Frau, die ein uneheliches Kind bekommen hat, oder der Mann, der trinkt; sie werden als nicht mehr zugehörig betrachtet. Eine zusätzliche Dynamik kann dazu führen, daß ein anderes Familienmitglied versucht, diesen Platz einzunehmen oder dorthin gestellt wird (zum Beispiel der Zweitgeborene, der den Platz des Erstgeborenen einnimmt, weil dieser vielleicht früh verstorben ist).

Aus solchen Verschiebungen entsteht eine Dynamik, der die Seele nicht folgen will. Auch wenn die Handlungen vom äußeren Standpunkt her zu vertreten und zu verstehen sind, so reagiert doch das Unbewußte in einer Weise, die nach Ausgleich und Sühne sucht. So fühlt sich zum Beispiel ein anderes Familienmitglied (oft die Kinder) schuldig für Taten, die es gar nicht begangen hat.

In einem solchen Zusammenhang finden wir auch Paare, die zunächst wegen eines schwierigen Kindes zur Therapie kommen. Sehr schnell treten dann jedoch die starken Spannungen in der Partnerschaft in den Vordergrund. Das Kind zeigt durch sein auffälliges Verhalten, daß im Familiensystem »Unordnung« herrscht.

Zunächst gibt es die Möglichkeit, diese Prozesse in der Arbeit mit einer Gruppe (circa 20 Teilnehmer) sichtbar zu machen. Dazu stellt ein Teilnehmer seine Familie auf, das heißt, mit den Stellvertretern aus der Gruppe wird sein inneres Bild von Nähe und Distanz innerhalb der Familie konkret und sinnlich erfahrbar dargestellt; das kann die Gegenwarts- oder die Herkunftsfamilie sein. Auch für sich selbst sucht er einen Stellvertreter aus. Dann teilen die Mitwirkenden nacheinander mit, wie sie sich an diesem Platz fühlen. Schließlich formt der Gruppentherapeut in einem Prozeß mit den Mitwirkenden, oft über mehrere Zwischenstufen, ein Lösungsbild, in dem alle einen guten (angemessenen) Platz haben, einschließlich der Ausgeklammerten.

In der Regel steht jedoch keine Arbeitsgruppe zur Verfügung, sondern in der Therapiestunde wird man mit Hilfe von Gegenständen, zum Beispiel einfachen Holzfiguren, den Klienten bitten, sein Familienbild aufzustellen und stellvertretend für seine Familienmitglieder deren Gefühle an ihrem jeweiligen Platz zu formulieren.

Schauen wir noch einmal zu Gisela und Klaus. Gisela erzählt von ihrer Familie: Sie ist das mittlere von drei Kindern und habe sich in dieser Zwischenposition wenig beachtet gefühlt. Der ältere Bruder sei Mutters Liebling gewesen, und sie selbst hätte es ihrer Mutter nie recht machen können. Sie war und ist zeitlebens das schwierige, unangepaßte Kind, und noch heute könne sie über die Ignoranz ihrer Mutter schier in Verzweiflung geraten. Dem Vater habe sie sich immer ein Stück näher gefühlt. Zu Hause habe oft eine hektische, laute Atmosphäre geherrscht, sie selbst müsse heute als Mutter aufpassen, daß sie mit ihren Töchtern manchmal nicht ähnlich umgehe; auch wisse sie, daß ihr Mann unter dieser Hektik leidet.

Gisela stellt ein Genogramm von ihrer Herkunftsfamilie mit den Holzfiguren (Figur 1) auf. Wir bitten Gisela, die Gefühle ihrer Familienmitglieder zu beschreiben, das heißt, sie soll sich stellvertretend in die einzelnen Positionen (Figur 2) hineinversetzen.

Sie beginnt mit der Mutter: Die Mutter sehe nur sich und den Bruder, zum Vater habe sie fast keine Beziehung, auch die Schwester bekomme wenig Beachtung von der Mutter. Sie selbst würde die Mutter wohl im Blick haben, aber meistens in der oben beschriebenen unguten Weise.

Nach dem Vater befragt, meint sie, dieser müsse sich sehr einsam fühlen, sie als seine Tochter möchte wohl Kontakt zu ihm, aber er ginge nicht darauf ein. Der Vater habe wenig Nähe zur Mutter gehabt, und auch zu seinen anderen beiden Kindern habe er kaum eine Beziehung aufgebaut. Über den Bruder sagt sie, der fühle sich wohl sehr zur Mutter hingezogen, mit den anderen Familienmitgliedern habe er wenig zu tun gehabt. Manchmal habe

Fig. 1 Genogramm von Giselas Herkunfts- und Gegenwartsfamilie:

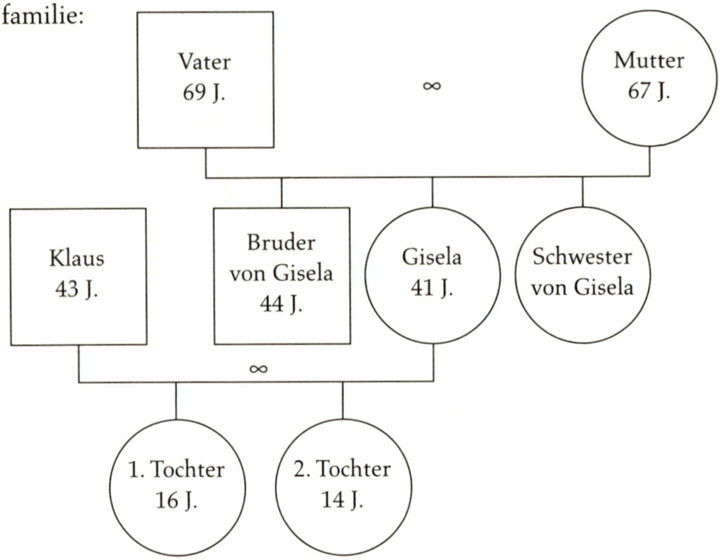

Fig 2 Gisela stellt folgendes Bild von ihrer Herkunftsfamilie mit den Holzfiguren auf:

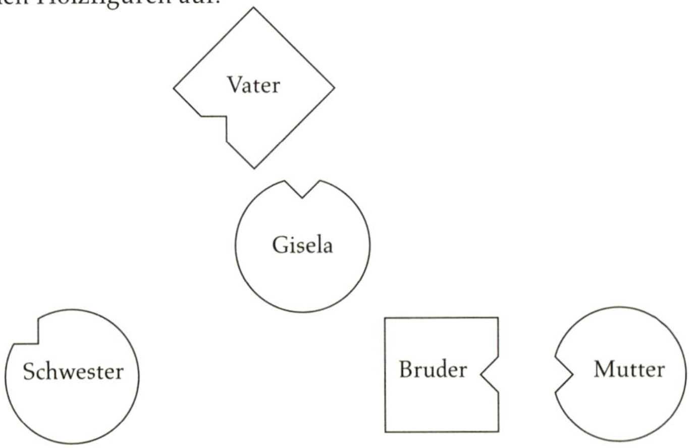

er mit ihr, der jüngeren Schwester, gespielt und sie mitgenommen. Das sei immer sehr schön gewesen aber leider nicht häufig vorgekommen.

Zur Schwester fällt ihr ein, auch die müsse sich sehr einsam fühlen, und wenn sie darüber nachdenke, finde sie das bestätigt, denn die Schwester führe ein sehr unstetes Leben mit mehreren unglücklichen Partnerschaften nacheinander und habe ihren richtigen Beruf noch nicht gefunden. Wie fühlt sich Gisela an ihrem Platz?

Gisela überlegt kurz, dann spontan: »Ich wollte immer meinem Vater nahe sein, ich spürte, daß ich seine Lieblingstochter war, auch wenn er es nie ausgesprochen hat. – Meine Mutter hat mich ständig kritisiert, deshalb habe ich mich wohl von ihr abgewandt. Das wird mir jetzt in diesem Moment sehr deutlich. Ich wollte möglichst nichts mit ihr zu tun haben. In unserer Familie war jeder im Grunde sehr für sich, keiner hatte mit dem anderen viel zu tun, auch wenn wir viel aufeinander hockten. Wir Geschwister haben uns oft gestritten.«

Im Gespräch nach der Aufstellung wird deutlich: Giselas Vater wurde von der Mutter (Ehefrau) nicht richtig akzeptiert, sie gab ihrem Mann keinen Platz neben sich – er hat ihn allerdings auch nicht für sich eingefordert. Statt dessen war ihr der Sohn sehr nahe, er erfüllte zum Teil die männliche Funktion an Mutters Seite. Gisela tat der Vater leid, sie identifizierte sich teilweise mit ihm und fühlte sich unter anderem dadurch genauso distanziert und nicht angenommen wie er. Gisela sieht ihrem Vater sehr ähnlich, es ist gut möglich, daß sie durch ihre Unangepaßtheit stellvertretend für ihn die Kämpfe mit ihrer Mutter austrug, die er nicht realisierte.

Während dieser Therapiestunde wird Gisela zum ersten Mal in ihrem Leben deutlich, warum sie sich in ihrer Gegenwartsfamilie häufig ein Stück ausgegrenzt fühlt und, was noch schwerer wiegt, das Empfinden hat, daß ihr Mann sie nicht anerkennt.

Durch die Aufstellung ist es Gisela möglich geworden, bildlich zu sehen, daß der Platz in ihrer Herkunftsfamilie entscheidenden Einfluß auf ihre Gefühle in ihrer jetzigen Ehe hat.

Auch Klaus stellt ein Familienbild (Figur 3) auf. Wir fragen ihn nach seinen Gefühlen zu den einzelnen Figuren (Figur 4) und beginnen mit dem Vater. Er meint, der Vater habe sich nie richtig auf seine Frau, seiner Mutter, eingelassen er habe häufig nach anderen Frauen geschaut und auch dem Alkohol zugesprochen. Im Blick habe er die Schwester gehabt, ihn, seinen Sohn, habe er wenig beachtet. Wie sich der Vater gefühlt habe, könne er schlecht sagen, vielleicht wenig eingebunden in die Familie, aber er habe auch nichts dafür getan, mehr Zugang zu seiner Mutter und zu ihm zu bekommen, das nehme er seinem Vater sehr übel.

Nach der Mutter befragt, vermutet Klaus, daß sie sich sicherlich vom Vater im Stich gelassen gefühlt habe. Sie habe den Vater immer im Blick gehabt, aber der sei ja als Kraftfahrer wenig zu Hause gewesen, und so habe seine Mutter sicher nicht genug von ihm bekommen. Er als Sohn habe viel Zeit mit der Mutter verbracht, sich ihren Kummer angehört und ihr zur Seite gestanden. Sein Platz sei immer nahe bei ihr gewesen, dort habe er sich recht wohl gefühlt, aber er habe auch immer eine Wut auf den Vater gehabt, weil dieser den Platz neben seiner Frau nicht ausfüllte. Zur Schwester meint Klaus, sie sei Vaters Liebling gewesen, sie habe sich aber schon früh auf eigene Füße gestellt und sei immer schon ihren eigenen Weg gegangen. Sie hätten als Geschwister nicht soviel miteinander zu tun gehabt, vielleicht habe sich die Schwester auch häufig allein gefühlt, da ihr Kontakt zu beiden Eltern nicht sehr intensiv gewesen sei.

Bei der Reflexion des Gesprächs wird Klaus deutlich, daß er die Stelle seines Vaters bei seiner Mutter vertreten hat und als Junge mit dieser Stellung in seiner Familie einen unangemessenen Platz innehatte und gleichzeitig überfordert war. Hinzu kommt,

Fig. 3 Genogramm von Klaus' Herkunfts- und jetziger Familie:

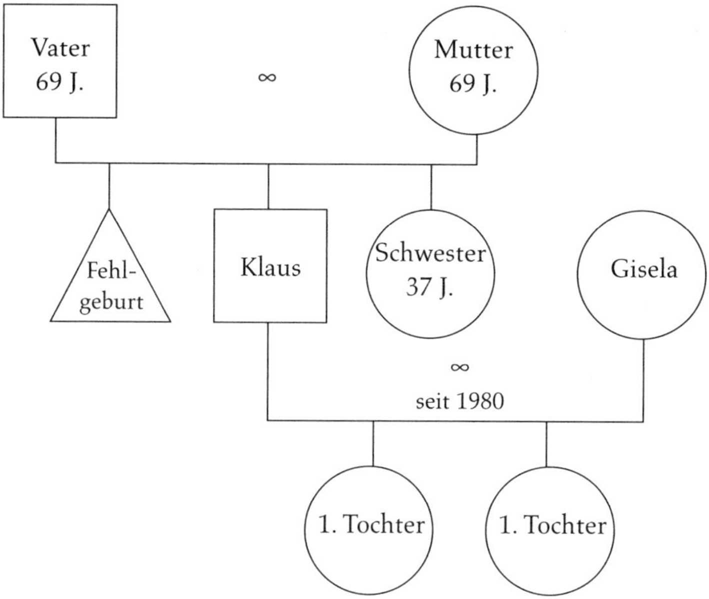

Fig 4 Klaus stellt folgendes Familienbild auf:

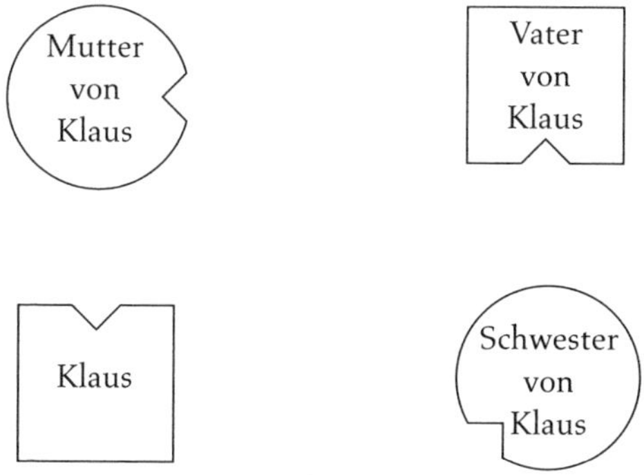

daß er einen großen Teil der negativen Gefühle der Mutter ihrem Mann gegenüber übernommen hat und somit stellvertretend für die Mutter Wutgefühle formuliert.

Klaus' Stellung im Familienbild verkörpert eine Position, die nicht selten vorkommt. Immer dort, wo ein Elternteil seinen Platz, aus welchen Gründen auch immer, nicht ausfüllt, versuchen die Kinder in der Regel einen Ausgleich zu schaffen. Der Sohn stellt sich zum Beispiel an die Seite der Mutter oder, das Pedant dazu, die Tochter an die Seite des Vaters.

Wir sprechen hier vom »muttergebundenen Sohn« beziehungsweise der »vatergebundenen Tochter«. Diese Konfiktkonstellationen wirken häufig in späteren Beziehungen und Ehen nach: Klaus Blick ruht ständig, wie schon bei seiner Mutter, auf seiner Frau; er ist sehr abhängig von ihrer Meinung, ihrer Reaktion und ihren Aktionen.

Denken wir noch einmal an das erste Bild des Elefanten, der relativ unbeweglich dem Treiben um sich herum zusieht. Klaus fällt es schwer, seine eigenen Bedürfnisse zu erkennen und zu formulieren. Somit setzt er seiner sehr aktiven Frau viel zu wenig entgegen, sie seinerseits dominiert ihn mit ihrer Art. Der Teufelskreis ist vorprogrammiert: Gisela wird immer lauter, Klaus immer stiller; der Ausweg – die Trennung? Mit Hilfe der Aufstellungen konnten die Ehepartner eine Erklärung für einen Teil ihres Verhaltens und ihrer Schwierigkeiten finden. Dies wurde als sehr entlastend erlebt, und die gegenseitigem Schuldzuweisungen machten Platz für ein größeres Verständnis füreinander, womit ein neuer Impuls für die Fortführung der Ehe verbunden war.

»Ich wünsche mir wieder mehr Harmonie«

Ein wesentlicher Bestandteil der Paartherapie sind die sogenannten »Hausaufgaben«. Nimmt ein Paar den Therapieprozeß ernst (auch das Gegenteil kommt manchmal aus den unterschiedlichsten Gründen vor. Es werden dann zum Beispiel keine Hausaufgaben gemacht, um die Konfliktsituation aufrechtzuerhalten, was heißen könnte, den anderen in seinen Schuldgefühlen nicht entlasten zu wollen), so geschieht der Hauptteil der »Arbeit« außerhalb der Therapiestunden – in der Zeit zwischen den Sitzungen. Die Therapie gibt Anstöße, Hinweise zu Richtungsänderungen, eröffnet neue Kommunikationsmöglichkeiten und Sichtweisen, aber der Hauptanteil an Arbeit, den ein Paar für seine Beziehung investiert, geschieht im alltäglichen Leben. Die Hausaufgaben unterstützen diesen Prozeß; die Versuchung, die in der Regel nicht angenehmen Themen der Beziehung zu verdrängen, ist groß. Durch die gestellte Aufgabe jedoch muß ich mich auch in der Zeit »zwischen den Terminen« mit mir selbst und meinem Partner auseinandersetzen.

Die Übungen haben im Verlauf der Therapie das Ziel, über die gemeinsame, rein sprachliche Auseinandersetzung hinaus auch auf anderen Ebenen eine Begegnung und erhöhte Aufmerksamkeit zu ermöglichen.

Durch die schriftliche Darlegung oder die Gestaltung von Bildern und Collagen wird eine Konkretisierung erreicht, die viele Paare durch Schweigen oder Zerreden zu vermeiden suchen.

Die Angst, sich zu offenbaren, sich vor dem Partner oder dem Therapeuten bloßzustellen, muß oft erst mühsam überwunden werden. Ängste und Widerstände werden dabei sichtbar, und häufig wird mühsam um eine Sprache für die inneren Gefühle gerungen. Nicht selten verweigert einer der Partner die gestellte Aufgabe, vergißt oder verdrängt sie. So kommt es, daß im Folgenden nicht immer Texte von beiden Partnern zu finden sind.

Der Psychologe und Paartherapeut Michael Cölln hat in seinem Buch *Paartherapie als Seelendialog* eine Reihe von Möglichkeiten geschildert, wie der Therapieprozeß gemeinsam vertieft werden kann.

Eine Aufgabe, die zum Beispiel im ersten Teil der Therapie gestellt werden kann, ist der sogenannte »Sehnsuchtsbrief«. In diesem Brief soll den Gefühlstiefen aber auch den Verletzungen Ausdruck gegeben werden. Dabei ist es unerheblich, welcher Art die Briefe sind; es geht nicht um eine besondere Ausdrucksweise; vom Kitsch und der Sentimentalität bis zur Romantik ist jede Form möglich. Die Partner sollen versuchen, eine Möglichkeit zu finden – das können auch Stichpunkte sein –, sich mitzuteilen, was sich häufig schon seit Jahren verschüttet in ihnen bewegt und in der Alltagsroutine unter den Tisch fällt. In der therapeutisch geschützten Situation gibt es somit die Möglichkeit, die Angst vor Verletzung ein Stück zu überwinden und dem anderen wieder eine Seite näherzubringen, die schon lange im Dunkeln lag.

Schon durch diese anfängliche Aufgabe bekommen die Betroffenen und der Therapeut eine gute Einschätzungsmöglichkeit der Partnerkrise.

Mancher will den Brief vielleicht nicht schreiben, weil er keine Sehnsucht mehr spürt, und andere glauben ihren eigenen Gefühlen nicht oder nicht mehr.

All diese Äußerungen werden aufgegriffen, ernst genommen und bearbeitet. Das Paar erlebt, häufig zum ersten Mal seit langer Zeit, losgelöst von alltäglichen Streitereien und Vorwürfen, eine verletzliche, gefühlvolle aber auch realistische Seite des anderen.

Wenden wir uns wieder Klaus und Gisela zu. Klaus schreibt: »Ich wünsche mir von einer Beziehung Harmonie und gegenseitiges Verständnis. Die Partner sollen füreinander da sein, das heißt: Wünsche, Sorgen, Nöte und Freude des einen sollen auch den anderen Partner berühren.

Von meiner Frau wünsche ich mir, daß sie mehr auf meine Bedürfnisse eingeht. Sie sollte nicht ihre Interessen-Maßstäbe an mir anlegen.

Anthroposophie, Esoterik und dergleichen geistige Dinge interessieren mich nun einmal nicht so gewaltig, daß ich darüber stundenlange Diskussionen führen möchte. Außerdem wünsche ich mir, daß sie etwas mehr Wert auf ihr Äußeres legt. Hierbei ist mir durchaus bewußt, daß unsere finanzielle Lage neue Kleidung nicht erlaubt. Aber mit ein wenig Geschick könnte sie ihre Kleidung durch entsprechende Accessoires durchaus modisch und fraulich ›aufpeppen‹.

Warum muß denn unsere Wohnung immer so unordentlich sein? Klar, die Kinder machen, kaum daß Ordnung herrscht, alles wieder durcheinander und von daher ist es nicht einfach. Nur wenn meine Frau ›wichtige‹ Dinge für andere Leute erledigen darf, ist ihr bei uns alles schnuppe und die Unordnung bleibt eben.

Darüber hinaus soll meine Frau nicht ihre Krankheitsmaßstäbe bei mir ›verweichlichtem‹ Mann anlegen. Ich kann es mir schließlich nicht erlauben, wenn mir schlecht ist, nicht ins Büro zu gehen. Es ist ja in Ordnung, daß sie im Bett bleibt, wenn sie krank ist. Auch wenn dann die Hausarbeit an mir hängenbleibt und ich dann sauer bin. (Eigentlich meine ich das gar nicht so.) Aber sie soll mir doch nicht die Ohren volljammern, wenn es mir nicht gut geht und ich trotzdem arbeiten gehe.

Nun komme ich zu meinen Wünschen und Träumen. Die Frage ist: Habe ich überhaupt Wünsche und Träume, welche erfüllbar sind, oder stelle ich zu hohe Ansprüche? Der zur Zeit wichtigste Wunsch ist, endlich von den Schulden herunterzukommen. Das dazu gesteckte Ziel ist das Jahr 2000. Das Dumme daran ist die Tatsache, daß mir dieser Wunsch soviel Sorgen bereitet, daß ich am liebsten alles hinschmeißen möchte, weil die innere Belastung viel zu groß ist.

Das würde aber auch niemandem helfen.

Leider sind meine Wünsche fast ausschließlich materieller Natur und somit im einzelnen vollkommen uninteressant. Ich könnte sie konkret auch gar nicht benennen, da ich um die momentane Unerfüllbarkeit weiß. Sollte mein Ziel der Schuldenfreiheit wirklich erreicht werden, will ich gerne weitere Gedanken an eventuelle Wünsche verschwenden.

Ansonsten wünsche ich mir, daß die Beziehung zu meiner Frau wieder so wird wie am Anfang unseres Kennenlernens. Wir also vielleicht auch wieder ›turteln‹ und Unsinn machen und soviel Spaß miteinander und aneinander haben wie früher.

Die Kinder sollen später nicht solch ein Leben haben wie wir. Auch das wünsche ich mir.

Was sind Träume? Unerfüllte, unerfüllbare Wünsche? Ich weiß es nicht. Deshalb kann ich auch nicht sagen, daß ich Träume habe.

Ich glaube, all meine Träume, Wünsche, Hoffnungen sind abhängig von der finanziellen Situation, in welcher wir stecken. Deshalb bin ich momentan nicht in der Lage, irgendwelche konkreten Aussagen dazu zu treffen, weil ich genau weiß, daß eine Erfüllung fast unmöglich ist.

Ich bin gedanklich überhaupt nicht in der Lage, irgendwelche Träume und Wünsche zu fassen, da über allem die Sorge steht, die Familie nicht mehr ernähren zu können.«

Giselas Brief: »Was wünsche ich mir von einer Beziehung? Eine Beziehung sollte auf Ehrlichkeit, Treue, Toleranz und Vertrauen aufgebaut sein.

Es sollte möglich sein, alle Seiten seiner Persönlichkeit zeigen zu dürfen und nicht irgendwelche Teile ängstlich verstecken oder sich für nicht oder wenig vorhandene Teile entschuldigen zu müssen. Auch sollten nicht so beliebte Verhaltensweisen wohl besprochen, aber vom anderen Partner nicht sanktioniert werden.

Es muß die Gewißheit da sein, daß keiner dem anderen böswillig weh tut oder bewußt irgend etwas tut, was dieser Beziehung Schaden zu fügen könnte. Jeder sollte versuchen, ein Verständnis für die Interessen des anderen zu entwickeln, auch wenn es ihm schwerfällt. Es muß Raum sein für Weiterentwicklung und Veränderung.

Was wünsche ich mir von meinem Mann? Ich wünsche mir Zärtlichkeit, Wärme, Rückhalt und Offenheit. Ich möchte so akzeptiert werden, wie ich bin. Ich möchte mehr mit ihm gemeinsam machen. Ich wünsche mir Gespräche über seine und meine Empfindungslage. Ich möchte, daß er aktiv am Leben der Kinder teilnimmt und sich nicht wie ein Zuschauer verhält. Ich möchte nicht immer den Zwischenträger machen müssen. Ich wünsche mir, daß er mir dabei hilft, mehr Freiraum für uns zu schaffen ohne Kinder. Und mich dabei unterstützt, die Rhythmen speziell im Abendbereich einzuhalten, so daß wir auch mal ohne Aufsicht miteinander den Abend verbringen können.

Tanzen gehen. Oldie-Fete besuchen. Ich wünsche mir, er würde mal mitgehen zu Vorträgen oder Ähnlichem. Außerdem wäre es schön, wenn er sich auch an der Planung und Durchführung von Neugestaltungen in der Wohnung beteiligen würde.

Was sind meine Wünsche, Träume, Hoffnungen? Ich möchte mein Abitur machen und dann wahrscheinlich ein Psychologiestudium. In absehbarer Zeit keine Geldsorgen mehr zu haben. Einmal ein eigenes Zimmer zu haben und hinter mir die Türe zumachen zu können. Einen kleinen Garten mit Gewächshaus. Zeit und Geld für Mal- und Zeichenkurse. Irland bereisen und Stonehenge besuchen. Urlaub mit meinem Mann und/oder Freunden in Schweden. Freunde einzuladen.«

Trotz der auffälligen Unterschiede zwischen Gisela und Klaus erleben wir in den Briefen auch ein Fundament für Gemeinsames, etwas, das trägt und hilft, die immer wieder zu Tage tretenden Schwierigkeiten anzupacken und somit zu überwinden.

Beide wünschen sich Harmonie und versuchen für den anderen Verständnis aufzubringen. Sie wollen sich mit ihren »schwierigen« Seiten nicht voreinander verstecken und etwas ganz Wichtiges für beide ist gelebte Treue als tragender Pfeiler in der Beziehung! Nicht Angst haben zu müssen, daß der andere sich aufgrund der Probleme nach einem neuen Partner umschaut, sondern mitzutragen, das heißt, auch wenn es schwerfällt, sich immer wieder für einander zu öffnen. Daneben die belastenden Unterschiede.

Klaus wünscht sich unter anderem sehr, daß Gisela ihr Äußeres verändert und mehr pflegt, auch die Unordnung zu Hause stört ihn. Gisela dagegen braucht die seelische Nähe, Gespräche und die aktive Teilnahme ihres Mannes an ihrem Leben und dem der Kinder. Sie blendet anscheinend aus, daß er sich sehr viel Sorgen um die finanzielle Lage der Familie macht, achtet seine Arbeit vielleicht nicht genug und schaut dabei sehr auf ihre »Selbstverwirklichung«.

Ihm fällt es schwer, Zugang zu der seelischen weiblichen Seite seiner Frau zu finden. Er ist nicht in der Lage, zu spüren, daß ihre ständigen Aktivitäten und Selbstfindungsunternehmungen gekoppelt sind an seine Rückzugs- und Distanzierungstendenzen.

Auffällig ist, daß beide das Thema Sexualität (Klaus spricht kurz vom »Turteln«) ausklammern. Themen, die nicht benannt werden, sind oft besonders mit Schwierigkeiten besetzt.

Gisela und Klaus waren jedoch bereit, sich im Laufe der Therapie auch mit diesem Thema auseinanderzusetzen und fanden durch die gestellten Aufgaben (Meine Liebe, wie ist sie? Brief an das eigene Geschlecht, eine erotische Phantasie und ähnliches) die Möglichkeit, sich auf diese Weise intime Wünsche und Sehnsüchte mitzuteilen und ihre fast nicht gelebte Sexualität wieder neu zu beleben.

In den Briefen von Maike und Jan wird etwas anderes deutlich. Zunächst Maikes Brief: »Was ich mir für mein Leben wünsche oder ersehne, ist mittlerweile gar nicht mehr so einfach zu erklären. Es gab Zeiten, da wußte ich das ganz genau, aber manche Dinge sind heute nicht mehr so klar, wie sie mal waren. Für meine Beziehung wünsche ich mir, daß sie ausgefüllt ist und harmonisch. Ich möchte das Gefühl haben, daß ich gerne nach Hause komme, gerne meine Zeit mit meinem Partner verbringe. Daß er mich versteht, respektiert und akzeptiert, zumindest, daß er es versucht. Irgendwie möchte ich, glaube ich schon, daß er ein Teil von mir ist. Ein sehr wichtiger Teil, den ich nicht missen möchte, egal ob gerade gute oder schlechte Zeiten sind. Er soll einfach zu mir gehören. Ich hätte gerne mal Kinder, denen ich eine gute Mutter sein kann. Die mein Leben bereichern und für die ich da sein kann.

Ich möchte meine Freunde behalten, denn sie sind mir wichtig, und ich finde es auch schön, meine Zeit mit ihnen zu verbringen. Ich bin gerne für sie da, wenn sie mich brauchen, und ich finde es auch schön, wenn sie umgekehrt auch für mich da sind.

Manchmal jedoch wäre ich lieber für mich ganz allein, ohne Verantwortung. Tun und lassen zu können, was ich will, ohne jemanden Rechenschaft darüber ablegen zu müssen, warum ich mich um elf Uhr noch anziehe, um irgendwo hinzufahren. Warum ich nach der Arbeit nicht sofort nach Hause komme, sondern noch lieber irgendwo einen Kaffee trinken gehe. Früh ins Bett zu gehen, wenn ich Lust dazu habe, oder auch spät, wenn ich mal wieder nicht aus den Socken komme. Alles liegen und stehen zu lassen, weil ich keine Lust habe, es wegzuräumen oder nachts mit dem Bügeln anzufangen und das alles, ohne ein schlechtes Gewissen deswegen zu haben.

Ich möchte gerne neue Dinge kennenlernen, mich weiterbilden und dabei auch weiter entwickeln. Dinge machen, die ich schon immer mal machen wollte. Einfach mal nach den Sternen greifen, auch wenn ich sie vielleicht nicht erreichen kann, aber trotzdem alles daraus lernen, was man dabei lernen kann.«

Jans Brief: »Ich habe mir mein Leben immer mit Kindern und einem kleinen Häuschen vorgestellt. Schon vor einigen Jahren waren meine Vorstellungen auf Familie ausgerichtet. Meine Arbeit und die Vorstellungen meiner Frau sollten eigentlich nie darunter leiden. Ich hoffe, daß ich die Ziele, die ich mir gesetzt habe, auch erreichen werde. Es wäre schön, wenn ich dies mit meiner Frau verwirklichen könnte. Einen kleinen Schritt haben wir getan, indem wir uns eine Eigentumswohnung gekauft haben. Wir werden im Mai oder Juni dort einziehen. Ich glaube, das ist eine gute Basis für das spätere Leben. Wichtig ist, daß ich meine Arbeit behalte, um den finanziellen Ansprüchen gerecht zu werden. Ich sehe das als Neuanfang für unsere Ehe. Es wäre schön, wenn ich dann später mal eine eigene Karateschule eröffnen könnte oder meine Frau einen eigenen Frisörladen hätte.

Das Wichtigste aber ist, daß wir beide gesund bleiben. Ich glaube, wenn wir beide wieder gut miteinander umgehen können, dann lösen sich auch die vielen Probleme von selbst. Ein Problem wird das Kinderbekommen sein. Eigentlich weiß ich gar nicht, ob meine Frau überhaupt noch Kinder möchte. Am Anfang unserer Beziehung war es eigentlich klar. Sie wollte genauso Kinder wie ich auch. Nachdem wir dann verheiratet waren, gingen unsere Meinungen auseinander. Vielleicht lag es auch daran, daß erst sie und später ich Probleme bei der Kinderzeugung hatten. Ich glaube nicht, daß ich ohne Kinder in der Ehe leben könnte.

Für mich war es immer wichtig, eine Familie mit Kindern zu haben. Ich würde mir wünschen, daß es zwei Kinder sein könnten. Nach Möglichkeit von meiner jetzigen Frau. Ein Wunsch von mir war immer, nachdem ich Maike kennengelernt habe, mit ihr eine Familie zu gründen. Mit ihr alt zu werden und Kinder zu haben. Wenn die Kinder später mal selbst erwachsen sind, vielleicht große Urlaubsreisen zu machen. Einfach dann das Leben genießen. Es wäre eine schöne Sache, später darauf zu schauen, was man im Leben so erreicht hat. Im Vordergrund sollte natürlich immer stehen, daß sich beide Partner sowie die Kinder auch wohlfühlen. Ich wünsche mir, daß meine Frau wieder dieselben Gefühle verspürt wie am Anfang unserer Beziehung. Daß sie das Leben mit mir wieder genießen kann. Daß sich auch unsere Interessen mehr decken. Daß man Fehler des anderen auch besser akzeptiert und lernt, damit zu leben. Daß wir wieder mehr Zeit miteinander verbringen. Vielleicht wird dadurch auch unser Sexualleben wieder angeregt. Dann macht es vielleicht auch wieder Spaß, nur mal zu Hause rumzulümmeln. Ich hoffe, daß wir dieses Jahr auch noch in Urlaub fahren können. Mal ganz alleine. Das haben wir noch nie gemacht. Es wäre bestimmt schön und lustig.«

In beiden Briefen wird noch einmal deutlich, daß der Entschluß, zusammen zu leben und zu heiraten auf dem gemeinsamen Traum, Kinder zu bekommen und ein Haus zu bauen, basiert.

Maike jedoch hat sich inzwischen sehr verändert. Ihre berufliche Karriere ist für sie stark in den Vordergrund gerückt, sie identifiziert sich sehr mit ihrer Arbeit und ist gerne, auch in der Freizeit, mit ihren Kolleginnen zusammen. Sie genießt es, immer in Bewegung zu sein, hat das Gefühl, sich mit dreißig noch nicht so festlegen zu wollen, wie Jan das für sich längst entschieden hat. In ihrer Kindheit und Jugend war sie die folgsame Tochter, die den kleinen Bruder liebevoll betreute und sich heute noch um ihn sorgt. In der anfänglichen Beziehung zu Jan hat sie lange nicht gespürt und gewußt, was sie selbst wollte. Sie hat sich völlig angepaßt.

Jans Enttäuschung ist gut zu verstehen. So hat er sich das nicht vorgestellt, Maike soll wieder »die alte« werden. Sie ist jedoch nicht mehr in der Lage, ihr Bedürfnis nach Freiheit, Ausprobieren, nach »den Sternen greifen« zu unterdrücken. Sie möchte

Neues erleben, Verantwortung hinter sich lassen und sich aus ihrem »alten Leben« verabschieden, das heißt die viel zu früh aufgebürdete Verantwortung loslassen und ihr Eigenes finden. Maike ist auf dem Wege, jetzt ihre jugendliche Phase der Selbstfindung nachzuholen, um danach »erwachsen« zu werden. Sie trennt sich von alten Mustern, die zum größten Teil andere für sie entworfen haben (Eltern, Ehemann) und versucht, ihren eigenen Weg zu finden. – Für Maike ist somit die Trennung folgerichtig und sie fühlt sich wie befreit. Jan, der noch ganz mit den einmal gefaßten Entschlüssen verhaftet ist, leidet sehr. Er kann nicht nachvollziehen, warum sie sich so verändert hat; er betont immer wieder, »wenn sie doch nur so würde wie früher«. Jan ist ganz fixiert auf Maikes Verhalten und ihre Reaktionen, kann aber gleichzeitig ihre Veränderung nicht ertragen und sieht für sich keine Möglichkeiten, einen (Aus-)Weg zu finden.

Nach der Trennung behielt er die gemeinsame Wohnung und hofft, die Frau zu finden, die zum ihm paßt. Eine weitere Auseinandersetzung mit sich selbst – zum Beispiel in Form einer Einzeltherapie – kam für ihn nicht in Frage.

Wie einen das alltägliche Leben in einer langfristigen Beziehung immer wieder aus neue fordert, die eigenen Grenzen zu überwinden, sich selbst in Frage zu stellen und sich zu bemühen, den anderen in seinem urtypisch Männlichen beziehungsweise Weiblichen anzuerkennen, so ist auch die Paartherapie ein hartes Stück Arbeit.

Mancher wird erfahren haben, daß die Hoffnung auf leichtes Glück täuscht. Weglaufen nützt nichts, Partnerwechsel schafft oft nur mittelfristig »neues Glück«. Sinnvoll ist es, die auftretenden Krisen miteinander in der Auseinandersetzung durchzuarbeiten, um so ein Zusammenwachsen zu erfahren als ein Wachsen durch die Krise. So kann ein tiefes Vertrauen entstehen in die eigenen Kräfte und in die des Partners. In der Überwindung, nicht in der Vermeidung von Problemen werden wir stärker und sicherer.

Jedoch sind der Fortsetzung einer konfliktreichen Partnerschaft auch Grenzen gesetzt, zum Beispiel dann, wenn eine Zerstörung der Einzelpersönlichkeit eintritt. Diese Zerstörung ist erkennbar, wenn bei einem der Partner Eigenvertrauen und Selbständigkeit abnehmen, Ängste und Hilflosigkeit dagegen zunehmen, Vitalkräfte wie Sexualität und Schaffensdrang zerstört werden und statt Lebensgenuß und Weiterentwicklung Depression und Verzweiflung eintreten. Fühlt einer der Partner diese Persönlichkeitszerstörung, dann kann die Trennung der Anfang allmählicher seelischer Heilung sein – nicht durch rasche Flucht in eine neue Beziehung, sondern durch Zeitlassen zur Selbstfindung und Selbsterfahrung.

Die vorliegenden Kapitel beschreiben exemplarisch einige Möglichkeiten, die Paartherapie bietet. Die gestellten Aufgaben und Bearbeitungsmethoden ergeben sich immer aus dem Prozeß und sind stark an der Individualität der einzelnen Menschen orientiert.

Was sich jedoch letztlich als Resultat des Therapieprozesses finden wird, ob das Paar sich trennt, ob es weiter zusammen leben wird oder eventuell für sich ganz andere ungewöhnliche Lösungen findet: Wichtig ist in erster Linie immer die Schaffung der »wahren Situation«, das heißt, das Problem – die Beziehung – so zu sehen, wie sie ist, nichts wegzulassen, nichts zu beschönigen, denn nur dann ist ein konstruktives, zukunftsorientiertes Arbeiten möglich. In diesem Sinne kann Paartherapie immer eine Hilfe sein, das zu finden, was wirklich zu einem paßt, ob als Paar oder als Einzelner.

Mathias Wais

Ich bin, was ich werden könnte

Entwicklungschancen des Lebenslaufs
Aus der Biographieberatung

3. überarbeitete und erweiterte Neuauflage

272 Seiten, Broschur

In jedem Menschen steckt immer noch mehr und noch anderes, als was er bisher ist und verwirklicht hat. – Der Autor zeigt, wie dieses noch andere erkennbar werden kann, wie es aufzurufen und zu handhaben ist, damit die Individualität den Weg zu ihrer Ganzheit findet.

Jede Zeile ist von Lebenswirklichkeit durchdrungen. Nicht Konzepte oder Theorien werden ausgebreitet, nicht Luftschlösser gezimmert, sondern Grundlage ist das, was möglich und jedermann unmittelbar erlebbar und greifbar ist. Der Autor knüpft immer am Alltag an und zeigt, wie durch Gespräch und Übung, mit Ruhe und Sicherheit, dem Neuen und anderen Raum geschaffen werden kann. Anhand von kurzen Fallbeispielen wird in Mut machender Weise nachvollziehbar, wie sich auch in den Krisen der Trennung, der Lebensmitte, der Enttäuschung über Unerreichtes ein Zukunftskeim ausspricht und wie er ins Gedeihen gebracht werden kann.

Ohne es erst theoretisch reklamieren zu müssen, kann der Autor direkt aus den praktischen Beispielen heraus die wesensmäßige mitmenschliche Bezüglichkeit der Individualität, die sich auf den Weg zu sich selbst begibt, belegen.

Konkrete Anleitungen für die eigene Arbeit des Lesers an seiner Biographie wie für individuelle Entwicklung runden dieses erfolgreiche Buch ab.

Mathias Wais

Kindheit und Jugend heute

Sinn und Unsinn der Erziehung

272 Seiten, Broschur

Was als Erziehung ausgerufen wird, dient oft nur dem Eigeninteresse des Erwachsenen und geht an den elementaren Interessen und Belangen des Kindes vorbei. Dieses Buch belegt, daß Erziehung, die sich als Repertoire von Maßnahmen versteht, im günstigen Fall überflüssig ist, oft zu spät kommt und vor allem sich selbst überschätzt. –Die meisten Kinder werden nicht wegen, sondern trotz Erziehung zu normalen Erwachsenen!
Pädagogische Ratgeber gibt es genug. Dieses Buch ist ein Aufruf, Kinder ernst zu nehmen. Zukünftig kann Erziehung nicht mehr von Mythen, Erwartungen und Zielen des Erwachsenen ausgehen, sondern wird am Blick für den Lebens- und Schicksalszusammenhang des individuellen Kindes ansetzen müssen. Der Autor löst unseren auf »Auffälligkeiten« des Kindes starrenden Blick und lenkt ihn, für Verständnis und Handhabung des Kindes, auf dessen konkrete Lebensumstände, Erfahrungen und Belange. Wie erleben Trennungskinder, Migrantenkinder, Geschwisterkinder, wie erleben zum Beispiel auch Jungen ihre soziale Umwelt, ihren eigenen Lebenszusammenhang? – Auf jeden Fall anders als die Erwachsenen, die diese zum Objekt ihrer pädagogischen Begierde machen. Und wie kann der Erwachsene hören und achten lernen auf dieses Erleben des Kindes?

Mathias Wais

Der Mythos der heilen Kindheit

Der junge Mensch an der Schwelle zum nächsten Jahrtausend – Chancen und Grenzen von Erziehung heute

2. Auflage, 54 Seiten, Broschur

Der Mythos, Kindheit habe sorgenfrei und problemfrei zu sein und solle nicht tangiert werden von den Nöten der Familie, den Problemen der Gesellschaft und auch nicht von den problematischen Auswirkungen der technischen und sozialen Umwelt, manifestiert sich heute auf vielfältige Weise.
Angesichts der Diskrepanz zwischen Ideal und Wirklichkeit hinterfragt der Autor, wie damit – gerade Kindern gegenüber – umzugehen ist, woran der Mythos eigentlich anknüpft und welche Funktion er hat, beziehungsweise was sich daraus für Pädagogik und Entwicklungsförderung ergibt.
Im zweiten Teil wendet sich der Autor der immer drängenderen Frage zu, was junge Menschen an der Schwelle zum nächsten Jahrtausend von erziehenden Erwachsenen erwarten dürfen. Der Beitrag zu dieser Fragestellung stellt keine abgerundete Aussage dar, sondern soll zum Querdenken einladen. Der Autor erörtert erziehungskritische Gesichtspunkte, die sich aus seiner praktischen Arbeit mit jungen Menschen und in der Erziehungsberatung ergeben haben.

Michaela Glöckler

Macht in der zwischenmenschlichen Beziehung

Grundlagen einer Erziehung zur Konfliktbewältigung

3. Auflage, 320 Seiten, Broschur

Aus dem Inhalt: Macht in der zwischenmenschlichen Beziehung · Erziehung zu selbständigem Handeln · Beeinflussung durch Temperamentseigenschaften · Wut und Aggression · Zufriedenheit – läßt sich dies lernen? · Umgang mit der Lüge · Mut als Fähigkeit und Aufgabe · Mann und Frau in der Partnerschaft · Gemeinschaft als Entwicklungsraum · Vom Sinn der »Lebenslänglichkeit« · Entwicklung im Spannungsfeld von Individualität und Gemeinschaft · Individualismus contra Machtstrukturen · Biographiearbeit · Leben mit der Vergangenheit – Wer oder was hat mich erzogen? · Begegnung mit dem Fremden · Macht in der Biographie · Die Rolle der Begegnung · Erziehung zur Konfliktfähigkeit · Wie erwirbt man Führungseigenschaften? · Das eigentliche Vorbild · Hilfen für Erziehung und Selbsterziehung zur Konfliktfähigkeit · Abwägen im Interessenkonflikt · Lob und Tadel · Konflikte und Führungsfragen in Lebensgemeinschaften und kollegialer Zusammenarbeit · Schwellenbewußtsein im sozialen Leben.